VOX VIVA –
Lebendiges Wort
Teil I

Margret Reike

VOX VIVA
Lebendiges Wort

Latein
zum Entdecken
und
Wiederentdecken

Teil I

Bibliografische Information der Deutschen Nationalbibliothek:
Die Deutsche Nationalbibliothek verzeichnet diese Publikation in der Deutschen Nationalbibliografie; detaillierte bibliografische Daten sind im Internet über < http://dnb.d-nb.de > abrufbar.

Satz, Umschlagdesign, Herstellung und Verlag: Books on Demand GmbH, Norderstedt
ISBN: 978-3-8334-7959-5

Meminisse iuvat

Vorwort zu VOX VIVA

Je mehr die solide Kenntnis des Lateinischen bei gebildeten Menschen in den letzten Jahrzehnten abgenommen hat, umso mehr scheint mir die lateinische Sprache in Gestalt von Zitatensammlungen[1] den Markt zu erobern. Man kann sich nur darüber freuen, dass auf diese Weise eine Menge Sprach- und Kulturgut lebendig bleibt. Derartige Sammlungen geben die Zitate mit Übersetzungen und machen damit den Zugang relativ mühelos. Die alphabetische Anordnung erleichtert es, ein Zitat aufzufinden. Allerdings sieht sich der Leser einer solchen Textsammlung doch vorwiegend auf sich gestellt. Die Aufgabe, irgendwelche Akzente zu setzen, inhaltliche Bezüge herzustellen oder interpretierend mit den Texten umzugehen, stellen sich nur wenige Autoren derartiger Bücher[2].
Es liegt nahe, dass Sammlungen von Sentenzen und Zitaten insgesamt in erster Linie diejenigen im Blick haben, die immerhin gewisse Vorkenntnisse des Lateinischen mitbringen. Je besser jemand Latein kann und je vertrauter ihm die Antike ist, umso fesselnder wird das Schmökern in einem solchen Lexikon für ihn sein, in dem er auf Schritt und Tritt Bekanntes wiederentdeckt und auf Neues stößt.

Meine Absicht war es, meinen Lesern – und dabei dachte ich vor allem an meine Enkel –, Menschen des 21. Jahrhunderts, methodisch von vornherein etwas hilfreicher entgegenzukommen und zudem möglichst keine oder nur geringe Vorkenntnisse vorauszusetzen.
Der Zugriff auf ausschließlich originale lateinische Texte verbindet mich in gewisser Weise mit den Zitatensammlungen. Auch ich übersetze die ausgewählten Texte, und zwar so wortgetreu wie möglich. Von einer guten oder besten Übersetzung bin ich oft weit entfernt. Denn ich möchte von Anfang an, so weit das geht, die grammatische Verifizierung jedes einzelnen Satzelementes ermöglichen.

---

1 Zusammenstellung im Literaturverzeichnis.

2 Z.B. Heinrich G. Reichert, Urban und Human. Unvergängliche lateinische Spruchweisheit. Hamburg ^{4}1956, St. Ottilien 1997; Bartels, Klaus, Veni, vidi, vici. Darmstadt ^{9}(1992).

Im Gegensatz zu einer alphabetisch geordneten Sammlung habe ich ein völlig anderes Prinzip der Anordnung gewählt.

Von den einfachsten Strukturen des Satzes ausgehend, bemühe ich mich Schritt für Schritt immer mehr von der Präzision und der Differenziertheit der lateinischen Grammatik aufzuzeigen. Dabei kann ich natürlich nicht mit Lehrbüchern konkurrieren, bei denen es um eine weit aktivere Aneignung der Grammatik geht und wo deshalb umfassende und systematische Darbietung der Phänomene unabdingbar ist und viel Raum einnimmt.

Aber es liegt mir am Herzen, jedenfalls die Hauptelemente der Formenlehre und der Syntax zügig in meinen pensa eines nach dem anderen einzuführen und zu erläutern.

Darüber gibt das Inhaltsverzeichnis Rechenschaft. Das Prinzip der Einteilung in paginae/Seiten erwies sich in der Phase des Entwurfs zunächst (beim Format A4) als sinnvoll und übersichtlich. Dass schließlich die Bezeichnung pagina in pensum umgewandelt wurde, geschah dem kleineren Format und der Seitenzählung der Buchausgabe zuliebe. Der neue Begriff zeigt jedoch noch genauer als „pagina“ die Intention, die Seite als Einheit zu verstehen, zunächst unter grammatischem, später auch unter inhaltlichem Aspekt. Pensum, „Abgewogenes“, ist kulturgeschichtlich zudem weit bildhafter als pagina, meint der Begriff doch die den Mägden von der Hausherrin zur Verarbeitung an einem Tag zugewogene Wolle, das Tagewerk einer Spinnerin. Er ist nicht ohne Grund in dem uns geläufigen Fremdwort *Pensum* lebendig geblieben.

Die ersten sechzig pensa der Arbeit sind dem Präsensstamm der Verben und der Vorstellung der Deklinationen gewidmet. – Bei der dann folgenden Einführung der Perfektstämme werden die Prinzipien der verschiedenen Perfektbildungen an kleinen Gruppen von Verben aufgezeigt. Dennoch kann – in zunächst vierzig pensa – aus der Fülle der Perfekte der konsonantischen Konjugation nur relativ wenig vorgestellt werden. – Die Einführung der Deponentien geschieht ab pensum 101 unter thematischen Gesichtspunkten. Es ergibt sich nun auch die Gelegenheit, mit dem Ablativus absolutus und dem A.c.I. bekanntzumachen. In den kurzen, einfachen Sprüchen, mit denen ich begonnen habe, kommen diese grammatischen Phänomene so gut wie gar nicht vor. Es ist beim Blättern in den verschiedenen Zitatenlexika erstaunlich, wie selten man auf einen A.c.I. oder einen Ablativus absolutus stößt. – In der Sequenz über Nachruhm und Geschichtsschreibung wird der vor allem bei den Historikern so beliebte Gebrauch der indirekten Rede vorgestellt.

Überall soll die Übersetzung den Leser in die Lage versetzen, einen lateinischen Text aufnehmend und nachvollziehend verstehen zu lernen. Wer in den Gegenstand tiefer eindringen will, etwa als autodidaktisch Latein Lernender, müsste wohl gleichzeitig eine Schulgrammatik zur Hand nehmen, sich jeweils die Paradigmen und die Zusammenhänge noch deutlicher vor Augen führen und manches vervollständigen.

Zu meinen Handreichungen gehört auch die Auflistung der Vokabeln auf jeder Seite, im Allgemeinen so, wie sie sich im Wörterbuch finden lassen. Bei den Verben bin ich allerdings dem Prinzip der ersten Seiten treu geblieben, zuerst den Infinitiv zu zitieren und dann erst die personalen Stammformen. – Neben VOX VIVA ein lateinisch-deutsches Wörterbuch zur Hand zu haben, wäre sicher manchmal von Nutzen. – Die Vokabellisten im Anhang der beiden Teile umfassen insgesamt knapp 2000 Stichwörter. Viele davon gehören natürlich nicht zum Grundwortschatz. Dem einen oder anderen Leser wird der Überblick aber willkommen und interessant sein.

Die Aktivität, die ich mir seitens meiner Leser vor allem wünschen möchte, besteht im lauten Lesen und womöglich in der Aneignung des Wortlauts der kurzen Texte.
Wichtig war mir – gerade im Hinblick auf dies Ziel – von der ersten Seite an die sorgfältige Angabe der Vokal-Quantitäten. Wenn ich aus dem Zitieren lateinischer Sätze in der Öffentlichkeit, in den Medien oder auf der Bühne meine Schlüsse ziehen darf, scheint nicht nur die Beachtung von Längen und Kürzen, sondern auch die Betonung lateinischer Wörter für weniger Erfahrene ungeheuer schwierig zu sein. – Und ich stehe hier nun und möchte auf dem Weg einzig der visuellen Aufnahme zu richtigem Aussprechen des Textes führen?! – Hoffentlich reichen die Hilfsmittel! Da meine Intentionen sich von vornherein auf die frühzeitige Einführung von Versen richteten und Zitate ohnehin vielfach in Versform auftreten, schien mir die Beachtung der Quantitäten auch im Hinblick darauf dringend geboten.

Die ausgewählten Texte sind über viele Seiten hinweg Einzelaussagen. Ich denke, das sollte man nicht negativ bewerten, sondern im Sinne der variatio schätzen. Jeder dieser über viele Jahrhunderte lebendig gebliebenen Aussprüche kann als ein kleiner Kosmos für sich verstanden und hier und da als Kostbarkeit erkannt werden. Eine Interpretation unterbleibt von meiner

Seite so gut wie völlig – zunächst wegen des begrenzten Rahmens eines pensums – zum anderen wegen der erhofften zweiten eigenen Aktivität des Lesers: des Nachdenkens über den Text.

Angaben zu den Autoren und zur historischen Situation dagegen halte ich für sinnvoll, da ich meine, der Leser sollte sich nicht alle Informationen erst aus Lexika zusammensuchen müssen, sondern bei Bedarf etwas zur Situation der Texte mitgeteilt bekommen.

Meiner persönlichen Vorliebe für vergleichende Sprachwissenschaft und Sprachgeschichte folgend, nehme ich, so oft es sich ergibt, die Gelegenheit wahr, Informationen über Herkunft und Verwandtschaft von Wörtern ebenso wie über ihr Fortleben in den europäischen Sprachen einzufügen.

Vom Prinzip einer bloßen Auswahl unter grammatischen Aspekten, die anfangs nicht zu umgehen ist, versuche ich mich so bald wie möglich zu lösen, indem ich Texte unter dem Gesichtspunkt einer inhaltlichen Thematik zusammenstelle. Auch der Zugriff auf nur einen einzigen etwas längeren Text in einem pensum wird möglichst früh gewagt.

Im zweiten Teil von VOX VIVA suche ich in Sequenzen wie Phaedrusfabeln, Liviuspassagen, Seneca-Texten und Catullgedichten einzelne Autoren ins Blickfeld zu rücken. Das ließe sich noch fortführen, Cicero etwa in seinen Briefen, Horaz und Plinius der Jüngere müssten zu Worte kommen.

Eine Präsentation, wie ich sie vorhabe, will mit leichter Hand an Texte heranführen, die für die Mehrzahl der heute Lebenden sehr fremd und so gut wie verschollen sind. Ist es nicht für manchen Leser wünschenswert, einen Autor mit der einen oder anderen prägnanten Stelle aus seinem Werk kennenzulernen, als überhaupt nie eine Vorstellung von ihm zu gewinnen? – Der Zugriff auf Gesamttexte antiker Autoren ist zwar heute vor allem durch zweisprachige Ausgaben (Reclam, Insel, WBG u. a.) in hervorragender Weise möglich, aber er setzt doch weit mehr spezielles Interesse, Ausdauer und vielleicht auch sprachliche Kompetenz voraus, als ich sie bei meinen Lesern erwarte.

Während der Arbeit an diesem zunächst nur „Schnupperkurs“ genannten Projekt hat sich – weit entfernt von denen, für die die Seiten zunächst gedacht waren – noch eine ganz andere Gruppe von Lesern des Manuskripts angesprochen gefühlt: alte „Humanisten“, die in jungen Jahren Freude am Latein gehabt haben, und überhaupt Zeitgenossen über vierzig, die früher einmal Latein gelernt haben und bei denen von diesem Wissen im Laufe der Jahre und Jahrzehnte das Allermeiste verschüttet worden ist. Denn was nicht

dauernd geübt und lebendig gehalten wird, vergisst man ja nur allzu schnell. Für diese Leser frischten sich von Seite zu Seite Erinnerungen auf.
Für sie gilt also ganz sicher der lateinische Satz, den ich meinem ganzen Versuch inzwischen überhaupt gern als Motto geben möchte: **Meminisse iuvat** – *Es macht Freude, sich etwas wieder ins Gedächtnis zu holen.*
Für die anderen Leser, die zunächst anvisierte und vielleicht zukünftige Zielgruppe, sehe ich das Verb **meminisse** ebenso zutreffend anwendbar, wenn auch in etwas anderem Sinne. Für sie soll die Beschäftigung mit lateinischen Texten ebenfalls Erinnerungsarbeit darstellen, nicht im Sinne der individuellen Erinnerung an in der Schule Gelerntes, sondern im Sinne eines Eintauchens sozusagen in das Menschheitsgedächtnis, in eine Vergangenheit von Sprache und Kultur, die verloren zu gehen droht, wenn nicht die jeweils Lebenden sie weitertragen.

Bei der Arbeit stieß ich durch Zufall auf zwei Verse des englischen Dichters und Essayisten Alexander Pope (1688 – 1744), die genau umreißen, was meinem Kurs VOX VIVA als Intention zugrunde liegt.

Content, if hence th' unlearn'd their want's may view,
The learn'd reflect on what before they knew.
(*Essay on Criticisme, v. 744 – 745 – zitiert nach Büchmann)*

Der französische Historiker, Hofbeamte und Voltaire-Freund Jean Francois Hénault (1685 – 1770) hat denselben Gedanken in lateinischer Form – als Hexameter – seinem *Nouvel Abrégé chronologique de l'histoire de France* vorangestellt:

Indocti discant et ament meminisse periti.
Laien mögen lernen und Kenner sich der Erinnerung freuen. (*Reclams Lateinisches Zitatenlexikon. Von Muriel Kasper. 3. Aufl. 2000.)*

Ich persönlich würde im Hinblick auf meine Adressaten den Wunsch gern noch ein wenig abwandeln und sagen:

Ignari noscant et iuvet meminisse peritos.
Die noch Unwissenden sollen etwas kennenlernen und Erfahrene sich mit Freude erinnern.

Da auch das noscere nach meinem Verständnis ein meminisse ist, verknappe ich den Wunsch schließlich auf dieses Verb und gebe ihm sogar zuversichtlich die Form einer Feststellung:

MEMINISSE IUVAT – *Sich zu erinnern macht Freude.*

Inhalt der Pensa 1 – 100

I. Nomen und Pronomen – Der Präsensstamm des Verbs

1 Die verschiedenen Konjugationen, **Imperativ Sg. 2. Pers**

2 Einfachste Sätze, Substantive, Adjektive, 3 Genera – **3. Pers. Sg. Präsens Indikativ Aktiv**

3 Akkusativobjekte – **Akkusative im Singular** (m. und f.) – Aussprache: Kürzen und Längen

4 Akk. Sg. im Neutrum – Relativpronomen qui im Singular

5 Substantive und Adjektive im **Nominativ Plural** – Verb: **3. P. Plural Präsens Ind. Aktiv**

6 **Akkusative der ā- und der ō-Dekl. im Plural** – Relativpronomina quem und quae (n. pl.)

7 per, ad, inter mit Akkusativen der a- und der o.-Dekl. Sg. und Pl. – Aussprache des anlautenden s; Aussprache des c.

8 **Plural der konsonantischen Deklination,** Nom. und Akk. (m., f., n.)

9 Das Phänomen der Kongruenz von Genus, Numerus und Kasus im Nominativ

10 Bisheriger Stoff: Nom. und Akk. verschiedener Deklinationen/Kongruenz

11 **Partizip Präs. Aktiv im Nominativ**/weitere Beispiele für Kongruenz

12 Grund- und Ordnungszahlen bis 12 – indogermanische Urverwandtschaft

13 **1. Person Präs. Indik. Aktiv** der a-, e-, i- und konson. Konjugation

14 Der **Ablativ** – Präpositionen in, pro, de, ab – u-Deklination

15 Präpositionen sine, ex, cum/**Personalpronomina** im Ablativ

16 Der **Dativ Singular**

17 Der **Dativ Plural,** Personalpronomen, Possessivpronomen

18 **Der Genitiv** der a-, o- und kons. Deklination im **Singular**

19 **Der Genitiv Plural**/die ē-Deklination

20 Genitivus partitivus und genitivus obiectivus

21 Das **Reflexivpronomen**/quisque/latinisierte Familiennamen

22 **Der Vokativ**/Kongruenz/Pronomina

23 **1. Person Plur. Präsens Indik. Aktiv**

24 **2. Person Sing. und Plural Präs. Indikativ Aktiv**
25 **esse** und **posse**
26 Präp. ***in*** mit Abl. und mit Akkusativ
27 **Ablativus instrumenti**
28 **Komparativ**/unregelmäßige Steigerung
29 Komparative und Superlative ohne Positiv
30 Der **Ablativ als Separativ und als abl. comparationis**
31 **Partizipialkonstruktionen** mit dem **Partizip Präsens**
32 Infinitiv **Präsens Passiv**/Präpos. a, ab in Verbindung mit dem Passiv
33 **Präsens Indikativ Passiv**, 3. Person Sing. und Plural/Hexameter
34 **ferre** und einige Komposita – Präsensformen – Übersetzungsmöglichkeiten für Passivformen
35 3. Person Sing. und Plural Präsens Indikativ Passiv/Übersetzung, genus medium
36 Präsens Indikativ Passiv, weitere Personenformen
37 Das **Gerundivum** als passivisches Verbaladjektiv
38 Der **Konjunktiv** – Präsensformen verschiedener Konjugationen im Aktiv und im Passiv
39 Der Konjunktiv als Wunschmodus – Verneinung mit ne – abhängige Begehrssätze
40 Thema: Das Paternoster
41 Präsens Konjunktiv von esse / Iuppiter
42 Thema: Ecce gratum et optatum – Carmina Burana
43 Konjunktiv in Finalsätzen
44 Thema: Philosophie – Seneca
45 Konjunktiv in indirekten Fragesätzen
46 Der Konjunktiv als Potentialis/konzessiver und konsekutiver Gebrauch des Konjunktivs/konsekutive Relativsätze mit dem Konjunktiv
47 Thema: Kinder – Bau des Hexameters
48 Drei Hexameter – Daktylus und Spondeus – lange und kurze Silben
49 **Futurformen** verschiedener Konjugationen
50 Futurformen – auch von esse, posse und prodesse – imperativischer Sinn des Futurs
51 **Imperfektformen** von esse und anderen Verben – Imperfekt Konjunktiv als Irrealis
52 Imperfektformen (Indikativ und Konjunktiv) – Thema: Ovids Dichtungen im Exil

II. Der Perfektstamm des Verbs

79 Perfekte auf -ui in der kons. Konjugation: eripere, colere, deserere – Substantive der u-Deklination aus Supinstämmen
80 Thema: Geld, Habgier – Perfekte auf -vi in der konson. Konjugation
81 Thema: Troja, Homer
82 Infinitiv Perfekt Aktiv
83 noscere, novisse
84 meminisse – odisse
85 **Perfektstamm: weitere Tempora des Aktivs** – Thema: Freundschaft
86 Futur II und Plusquamperfekt – Pyrrhus
87 Perfekt Konjunktiv mit ne = verneinter Imperativ
88 Plusquamperfekt Konjunktiv Aktiv – Thematik Schweigen, Reden
89 **videri – N. c. I.**
90 Partizipialkonstruktionen mit dem **Partizip Futur**
91 Thema: Cicero in Syrakus
92 Thema: Cicero, Lob der Philosophie
93 Thema: Ceres (Ovid)
94 Thema: Erfindungen
95 Thema: Alter
96 Thema Grabschrift für eine Frau
97 Thema: Ehe bei den Germanen – Tacitus
98 Thema: Sapiens mulier – AT Buch der Sprüche
99 Thema: Konstantin
100 Thema: Hieronymus

Aurora

Aurora, Morgenröte,
du lebst, oh Göttin, noch!
Der Schall der Weidenflöte
tönt aus dem Haldenloch.

Wenn sich das Herz entzündet,
belebt sich Klang und Schein,
Ruhr oder Wupper mündet
in die Ägäis ein.

Uns braust ins Ohr die Welle
vom ew'gen Mittelmeer.
Wir selber sind die Stelle
von aller Wiederkehr.

In Kürbis und in Rüben
wächst Rom und Attika.
Gruß dir, du Gruß von drüben,
wo einst die Welt geschah.

Günter Eich

Pensum primum

Erráre humānum est. *Irren ist menschlich.*
(Sprichwort, u.a. bei Hieronymus, epist. 57, 12)

Orā et lăbórā! *Bete und arbeite!*
(Benedikt von Nursia [480 – 547 n. Chr.] gab dem Orden, den er 529 n. Chr. auf dem Monte Cassino bei Neapel gründete, diese Aufforderung als eine der Regeln des Zusammenlebens.)

Festínā lentē! *Eile langsam! Eile mit Weile!*
(Sprichwort, erwähnt bei Sueton, Vita Divi Augusti 25, 4)

Vĕnī et vĭdē! *Komm und sieh!*
(Joh. 1, 46 – Antwort des Philippus auf die Frage: „Kann denn von Nazareth etwas Gutes kommen?")

Tŏllĕ, lĕgĕ! *Heb auf, lies!*
(Augustinus, Conf. 8, 12, 29 – Augustinus hörte eine Kinderstimme diese Worte singen und griff daraufhin zur Bibel.)

Dīvĭdĕ et ímperā! *Teile und herrsche!*
(Wird oft als Maxime römischer Außenpolitik interpretiert, ist aber erst im 16. Jh. belegt, bei Hans Walther Nr. 36352.)

Săpĕre audē! *Wage es, verständig zu sein!*
(Horaz, epist. 1, 2, 40) – Immanuel Kant (1724 – 1804) übersetzt in seinem berühmten Aufsatz „Was ist Aufklärung?" so:
Habe Mut, dich deines eigenen Verstandes zu bedienen!

Das Lateinische kennt vier Konjugationen.
Als **Konjugation** bezeichnet die Grammatik von altersher den Formenbestand eines Verbs. Wörtlich heißt Konjugation *Zusammenstellung*.
Drei dieser Konjugationen werden durch einen langen Vokal (**ā-, ē-, ī-**) im Stammauslaut charakterisiert, eine heißt konsonantisch, weil der Stamm des Verbs mit einem Konsonanten endet. Es tritt nur ein kurzes **ĕ** als Stütze ein.
Die **Infinitive** der hier vorkommenden Verben lauten:

errā-re irren (ā-Konjugation)
ōrā-re beten
lăbōrāre arbeiten
fēstīnāre eilen
vĕnīre kommen (ī-Konjugation)
vĭdēre sehen (ē-Konjugation)
tŏllĕre aufheben, in die Höhe heben (**konsonant.** Konjugation)
lĕgĕre lesen (**konsonantische** Konjugation)
dīvĭdĕre teilen
imperāre befehlen, herrschen
sapĕre schmecken, Verstand haben
audēre wagen

Kennzeichen des Infinitivs Aktiv Präsens ist die Endung **-re.**
Der einfache Stamm des Verbs dient als **Imperativ (2. Pers. Singular)**, bei der konsonantischen Konjugation folgt dem Konsonanten ein kurzes ĕ.

Einige andere bekannte Imperative der **ē-Konjugation: sálvē!** sei gegrüßt!, **ăvē, Maria!**, der Gruß des Engels, und **valē!** leb wohl!.

et (Bindewort) und – **humānus, a, um** menschlich – **lentus, a, um** langsam
Die drei Endungen der Adjektive sind die Endungen für das **Maskulinum**, das **Femininum** und das **Neutrum.**
Im Lateinischen spielen die **Endungen der Wörter** eine große Rolle. Das Adjektiv richtet sich in Geschlecht (Genus) und Zahl (Numerus) nach seinem Beziehungswort.
Der Infinitiv **errāre** gilt als Neutrum. – **lentē** ist die Adverb-Form von **lentus, a, um.**

Ein kleiner Schrägstrich über einer Silbe soll anzeigen: Hier wird das Wort betont! Lange Vokale sind sonst durch einen Balken (ā, ē, ī, ō, ū) gekennzeichnet, kurze, wenn der Hinweis angebracht erscheint, durch einen kleinen Bogen (ă).

Pensum sĕcúndum

Mĕdĭcus cūrăt, nātúră sānăt.	*Der Arzt behandelt, die Natur heilt.* (Sprichwort, bei Hans Walther Nr. 14564e)
Bŏnŭm cōnsĭlĭŭm óptĭmŭm auxĭlĭŭm.	*Ein guter Rat (ist) die beste Hilfe.* (Sprichwort)
Epístula nōn ērubēscit.	*Ein Brief errötet nicht.* *Papier ist geduldig.* (Cicero, ad familiares 5, 13, 1)
Cōnsŭētúdō est quăsĭ áltĕră nātūră.	*Die Gewohnheit ist wie eine zweite Natur.* (Cicero, de fin. 5, 74)
Ūsŭs măgístĕr est óptĭmŭs.	*Gebrauch ist der beste Lehrer.* (Cicero, pro C. Rabirio Postumo 9)
Ūsŭs tyrănnŭs.	*Die Gewohnheit (ist) ein Tyrann.* *Die Macht der Gewohnheit.* (Sprichwort aus dem Griechischen)
Vărĭātĭō dēlĕctăt.	*Abwechslung erfreut.* (Phädrus, fab. 2, prologus 10)

Hier wird sofort deutlich, dass das Lateinische **keinen Artikel** vor das **Substantiv** setzt.
Die grammatischen Beziehungen werden allein durch die <u>**Endungen**</u> signalisiert.
Die Übersetzung wählt – je nach dem Sinn der Aussage – bald den bestimmten, bald den unbestimmten Artikel oder auch das artikellose Substantiv.
Wir lernen einige <u>**Substantive**</u> kennen, alle im **Nominativ Singular**:

mĕdicus m. Arzt	**nātūra f.** Natur
cōnsĭlĭŭm n. Rat	**auxĭlĭŭm n.** Hilfe

epístula f. Brief
cōnsuētūdō f. Gewohnheit
ūsus m. Gebrauch, Übung, Gewohnheit
măgístĕr m. Lehrer
tyránnŭs m. Tyrann
vărĭātĭō f. Abwechslung

Schon bei diesen zehn Substantiven sind alle drei **Génĕră (Geschlechter)** vertreten, die das Lateinische ebenso wie unsere Sprache kennt: das **Maskulinum**, das **Femininum** und das **Neutrum.**
Das Adjektiv-Attribut stimmt im Geschlecht mit dem Substantiv überein.

Die Adjektive:
bŏnŭs, a, um gut
óptimus, a, um der (die, das) beste
alter, áltera, álterum der (die, das) andere, zweite

Die Verben kommen im Text in der **3. Person Singular im Präsens** vor.
Das Kennzeichen der 3. Pers. Singular ist die Endung -t, die an den Stammauslaut tritt.
Bei der konsonantischen Konjugation schiebt sich ein i- ein.

cūrāre sorgen, pflegen, behandeln (ā-Konj.)
sānāre heilen (ā-Konj.)
ērŭbēscĕre erröten (konsonant. Konj.)
dēlĕctārĕ erfreuen (ā-Konj.)

Die Verbform **est**, die man ohne Übersetzung versteht, beherrscht vier der Sentenzen.
In lateinischen Sprüchen, wo es um Knappheit geht, kann sie auch mal wegbleiben.
nōn verneint eine Aussage
quăsĭ heißt: *wie, gleichsam wie, sozusagen*

Pensum tertium

Díēs díĕm dócĕt. *Der Tag lehrt den Tag.*
(Sprichwort)

Mănŭs mănŭm lăvăt. *Die Hand wäscht die Hand.*
Eine Hand wäscht die andere.
(Griechisches Sprichwort, bei Seneca, Apocolocynthosis 9, 6)

Gŭttă căvăt lápĭdĕm. *Der Tropfen höhlt den Stein.*
Steter Tropfen höhlt den Stein.
(Ovid, Epist. ex Ponto 4, 10, 5)

Occāsĭō făcĭt fūrĕm. *Gelegenheit macht den Dieb.*
Gelegenheit macht Diebe.
(Sprichwort)

Mēns ágĭtăt mōlĕm. *Der Geist bewegt die Materie.*
(Vergil, Aeneis 6, 727)

Die Sätze sind im Satzbau völlig gleich: Subjekt – Prädikat – Objekt.
Im Lateinischen ist die Reihenfolge dieser Satzglieder freier als im Deutschen. Gern stellt man das Verb ans Ende, wie in den beiden ersten Beispielen.

In diesen Sätzen tritt als **Objekt** dreimal ein Substantiv im **Akkusativ Singular** auf.

Im **Akkusativ des Singulars** erscheint bei **männlichen und weiblichen Substantiven** immer **der Auslaut -m.**

Die neuen **Substantive:**

dĭēs m. Tag	Akkusativ **dĭĕm** (zweisilbig!)
mănus f. Hand	Akkusativ **mănum**
gutta f. Tropfen	Akkusativ **guttam**
lăpĭs m. Stein	Akkusativ **lápidem**

occāsĭō f. Gelegenheit	Akkusativ **occāsiónem**
fur m. Dieb	Akkusativ **furem**
mēns f. Geist, Denken	Akkusativ **mĕntĕm**
mōlēs f. Masse, Last	Akkusativ **mōlĕm**

Obwohl die Akkusative keine Schwierigkeit machen, sei schon jetzt darauf hingewiesen, dass die Substantive auf dieser Seite **vier** verschiedenen **Deklinationen** angehören.
Als **Deklination** bezeichnet die Grammatik die sog. Beugung der **Nomina** (Substantive und Adjektive). **declināre** heißt *abbiegen.*
Im Lateinischen gibt die **Endung** zu erkennen, in welchem **Kasus** (Fall) und welchem **Numerus** (Zahl) – **Singular oder Plural** – das Nomen auftritt.

Die neuen **Verben**:
dŏcēre lehren (ē-Konjugation)
lăvāre waschen
căvāre aushöhlen
făcĕrĕ machen (konsonant. Konjugation) 3. P. Sing. Präsens **făcĭt**
agitāre bewegen

Noch ein Wort zur Aussprache: Die Verben dŏcēre und **lăvāre** und die Substantive **mănus** und **lăpis** sowie **mĕdicus** (in pensum 2) haben in ihrer Stammsilbe einen kurzen Vokal.
Unser deutsches Sprachgefühl möchte ihn gern **lang** sprechen. Wie kommt das?
Seit etwa dem 15. Jahrhundert spricht man im Neuhochdeutschen alle sogenannten offenen Tonsilben lang: Offene Tonsilben nennt man Silben, die mit einem einfachen Vokal enden (a, e, i, o, u). *Wir* sagen heute: d*er Name, haben, geben, nehmen, sehen, Vater.* Alle Wörter werden in der Stammsilbe mit langem Vokal gesprochen.
Im Mittelalter hieß es bei uns noch: *der năme, hăben, gĕben, nĕmen, sĕhen, văter* und so fort.
Im **Lateinischen** können offene Tonsilben **lang oder kurz** sein.
Das lernt man am besten von Anfang an.

Pensum quartum

Fīnis corōnat ŏpŭs. — *Das Ende krönt das Werk.*
(Sprichwort)

Fortūnă nōn mūtăt gĕnŭs. — *Das Glück ändert nicht die Art (des Menschen).*
(Horaz, Epoden 4, 6)

Ínvĕnĭt intérdŭm caecă cŏlŭmbă pĭsŭm. — *Es findet bisweilen eine blinde Taube eine Erbse. Auch ein blindes Huhn findet einmal ein Korn.*
(Sprichwort, bei H. Walther 12732)

Bis dăt, quī citō dăt. — *Zweimal gibt, wer schnell gibt.*
(Sprichwort)

Quī mŏnĕt, quăsĭ ádiŭvăt. — *Wer ermahnt, hilft sozusagen.*
(Plautus, Curcullio 460)

Quī timidē rŏgăt, dŏcĕt nĕgāre. — *Wer ängstlich bittet, lehrt das Neinsagen.*
(Seneca, Phaedra 593 f.)

Die neuen **Nomina** sind:
fīnis m. Akk. fīnĕm Ende, Ziel
ŏpŭs n. Akk. ŏpŭs Werk
fortūnă f. Akk. fortūnăm Glück, Schicksal
gĕnŭs n. Akk. gĕnŭs Geschlecht, Herkunft, Art
caecus, a, um blind
cŏlúmbă f. Akk. cŏlúmbăm Taube
pĭsŭm n. Akk. pisum Erbse

<u>Bei allen Neutra sind Nominativ und Akkusativ immer gleich!</u>

Die neuen Verben sind:
corōnāre krönen
mūtārĕ ändern, verändern
invĕnīrĕ finden (ī-Konjugation)
dăre geben
mŏnērĕ ermahnen, erinnern (ē-Konjugation)
adiŭvārĕ helfen
rŏgāre bitten
nĕgāre nein sagen, verneinen

Ferner lernen wir das Relativpronomen im Nominativ (m.) Sg. kennen:
quī m.: derjenige, der; wer
und die **Adverbien:**
intérdum bisweilen, hin und wieder – **bis** zweimal – **citō** schnell – **timidē** furchtsam

Anmerkungen zur Betonung:
Zweisilbige Wörter werden auf der vorletzten (d. h. der ersten) Silbe betont. Bei drei- und mehrsilbigen Wörtern sind die Quantitäten der Vokale zu beachten:
Wenn die vorletzte Silbe eines Wortes kurz ist, liegt die Betonung auf der drittletzten Silbe. Beispiele: **lápidem óptimus médicus ádiuvat.**
Wenn die vorletzte Silbe eines Wortes lang ist, trägt sie die Betonung.
Beispiele: **corónat fortúna fēstína consuetúdo.**
In Wörtern wie **magíster colúmba intérdum** liegt die Betonung trotz des kurzen Vokals auf der vorletzten Silbe, weil sie durch die zwei folgenden Konsonanten geschlossen wird und dann als lang empfunden wird. Man nennt das **Positionslänge.**
Das zu wissen, wird später, wenn wir Verse kennenlernen, nützlich sein. Siehe pensum 48!

Pensum quintum

Vērae amicītiae sempitérnae sunt. *Wahre Freundschaften sind beständig.*
(Cicero, de amicitia 32)

Lĭbrī sunt amīcī. *Bücher sind Freunde.*
(Sprichwort)

Dēlīrant, isti Rōmānī! *Sie spinnen, diese Römer!*
(Goscinny und Uderzo, Asterix)

Verbă dŏcent, exémplă trăhunt. *Worte lehren, Beispiele reißen mit.*
(Sprichwort)

Et tēlă et verbă vúlnĕrănt. *Sowohl Geschosse wie Worte verwunden.*
(Sprichwort)

Vĕstīgĭă térrent. *Die Spuren schrecken ab.*
(Horaz, epistulae 1, 1, 74. – Nach Äesop, Fabulae 147 die Antwort des Fuchses auf die Frage, warum er den kranken Löwen nicht in dessen Höhle besuche; die Spuren führen in die Höhle hinein, aber nicht heraus.)

Quī ínvĭdĕnt, ĕgĕnt. *Die neidisch sind, leiden Mangel.*
(Plautus, Truculentus 746)

Die **Substantive und Adjektive** auf dieser Seite gehören der **ā- und der ō-Deklination** an.
Sie treten als Subjekte oder als Prädikatsnomina nun im **Nominativ Plural** auf.

Die **Substantive der ā-Deklination** (meist Feminina) wie natura, gutta, columba, amicitia haben im **Nominativ Plural die Endung -ae** (aus **-ai** entstanden).

Die **Substantive der ō-Deklination, soweit sie Maskulina sind**, wie medicus, amicus, magister, liber haben im **Nominativ Plural die Endung -ī** (aus **-oi** entstanden).

Die **Neutra der ō-Deklination** (vestigium, exemplum) haben im **Nominativ Plural die Endung -ă.**

Adjektive auf -us, -a, -um haben die gleichen Pluralendungen wie die Substantive.

Die **Verben** erscheinen in der **3. Person Plural des Präsens.** Kennzeichen ist die Endung **-nt.**

Die Verben:
dēlīrāre verrückt sein, spinnen, faseln – siehe auch p. 108!
trăhĕre ziehen, schleppen, mitreißen **(konsonant. Konjugation)**
3. Pers. Pl. Präsens **trăhunt**
vulnerāre verwunden **(ā-Konjugation)**
terrērĕ abschrecken, erschrecken **(ē-Konjugation)**
invĭdēre (scheel zusehen) neidisch sein **(ē-Konjugation)**
ĕgēre darben, Mangel leiden **(ē-Konjugation)**

Sonstige Vokabeln:
vērus, a, um wahr – Nom. Plural **veri, verae, vera**
ămīcĭtĭă f. Freundschaft – Nominativ Plural **amīcĭtĭae**
sĕmpĭternus, a, um immerwährend, beständig, – Nom. Pl. **–i, -ae, -a (semper** Adv. immer)
lĭber m. Buch – Nom. Plural **lĭbrī**
amīcus m. Freund – Nom. Plural **ămīcī**
Romanus, a, um römisch, Römer – Nom. Plural **Romani, ae, a**
iste, ista, istud Demonstrativpronomen dieser, diese, dies da – Plural **isti, istae, ista**
verbum n. Wort – Nom. Plural **verbă**
exémplum n. Beispiel – Nom. Plural **exémplă**
et … et sowohl – als auch, wie
tēlum n. Wurfgeschoss, Lanze, Pfeil – Nom. Plural **tela**
vestīgium n. Spur – Nom. Plural **vestīgĭă**
qui m. Plural des Relativpronomens diejenigen, die

Pensum sextum

Fēlīcĭtās multōs hăbĕt ămīcōs. *Das Glück hat viele Freunde.* (Sprichwort)

Multōs tĭmēre dēbet, quem multī tĭment. *Viele muss der fürchten, den viele fürchten.* (Publilius Syrus, Sententiae M 30)

Făcĭŭnt făvōs et vespae. *Auch Wespen bauen Waben.* (Tertullian, Adversus Marcionem 4, 5)

Aquĭlă nōn cáptat muscās. *Ein Adler fängt keine Fliegen.* (Erasmus, Adagia 3, 2, 65)

Tranquíllās étiam naufrāgŭs hórrĕt ăquās. *Auch ruhige Gewässer fürchtet der Schiffbrüchige.* (Ovid, Epist. ex Ponto 2, 7, 8)

Dī pĭa facta vĭdent. *Die Götter sehen fromme Taten.* (Ovid, Fasti 2, 117)

Multă dŏcĕt fămēs. *Vieles lehrt der Hunger.* (Seneca, ep.mor.15, 7)

Quae nŏcĕnt, dŏcĕnt. *Was schadet, belehrt.* (Sprichwort) *Durch Schaden wird man klug.*

Hier gibt es nun **Akkusativobjekte im Plural (m. f. und n.).**

Die **Masculina der ō-Deklination** haben im Akkusativ Plural **die Endung -ōs.** Die **Feminina der a-Deklination** haben im Akkusativ Plural **die Endung -ās. Bei den Neutra aller Deklinationen haben Nominativ und Akkusativ Plural die Endung -ă (bzw. -ia)**

Formen des Relativpronomens:
quĕm Akk. Sing. m. der, den
quae Nom. und Akk. Plural die (Dinge), welche – im Deutschen oft: was

Die neuen **Verben:**
hăbērĕ haben **(ē-Konjugation)**
tĭmērĕ fürchten **(ē-Konjugation)**
dĕbērĕ müssen **(ē-Konjugation)**
făcĕrĕ machen **(konson. Konjugation)** 3. Pers. Plural im Präsens: **faciunt**
captāre fangen **(ā-Konjugation)**
horrērĕ mit Schaudern sehen, fürchten **(ē-Konjugation)**
nocēre schaden **(ē-Konjugation)**

Sonstige Vokabeln:
fēlīcĭtās f. Glück
multī, multae, multa viele (m. und f.), viele Dinge = viel/Akk. **multos, multas, multa**
făvus m. Wabe, Honig
vespa f. Wespe
et = étiam auch
ăquĭlă f. Adler
mŭscă f. Fliege
tranquíllus, a, um ruhig
naufrāgus m. der Schiffbrüchige
ăquă f. Wasser
dĕus m. Gott – Plural **dĕī** oder **dī**
factum n. Tat, Handlung – Plural **factă**
pius, a, um fromm
famēs f. Hunger
quae nŏcĕnt (die Dinge,) die schaden (Neutrum Plural des Relativpronomens) = was schadet.
Der Relativsatz ist das Subjekt zum Prädikat **docent**.

Pensum séptĭmum

Quŏt caelum stellās, tŏt hăbĕt tŭă Rōmă pŭĕllās.

So viele Sterne der Himmel,
so viele Mädchen hat dein Rom.
(Ovid, Ars amatoria 1, 59)

Per áspĕră ad astră. *Durch Schwieriges hindurch zu den Sternen.*
(Sprichw.)

ad Kălĕndās Graecās. … *bis zu den griechischen Kalenden.*
Etwas auf den St. Nimmerleinstag verschieben.
(Der griechische Kalender kannte keine Kalenden!
Redewendung bei Sueton, Vita Divi Augusti 87, 1 belegt)

Ad númmum cónvĕnĭt. *Es stimmt auf den Pfennig.*
(Cicero, ad Atticum 5, 21, 12)

Inter caecōs lŭscŭs rēx. *Unter Blinden ist der Einäugige König.*
(Sprichwort)

Inter armă sĭlĕnt mūsae. *Zwischen den Waffen schweigen die Musen.*
(Sprichwort in Anlehnung an Lukrez,
De rerum natura 2, 506)

Es erscheinen hier drei **Präpositionen**, die alle den **Akkusativ** bei sich haben:
per durch – **ad** zu, nach – **inter** zwischen, unter

Verben: hăbēre haben – **convĕnīre** zusammenkommen, passen – **sĭlēre** schweigen
tŏt – quŏt so viele – wie (viele) (wird nicht dekliniert)
caelum n. Himmel
stella f. Stern – Plural **stellae/Akk. stellās**
tŭŭs, a, um dein
Rōmă f. Rom
pŭéllă f. Mädchen – Plural **puellae/Akk. puellās**
asper, áspĕra, aspĕrum rauh, uneben, holperig; schwierig, misslich, hart

aspera ist hier der Plural zum Neutrum **asperum,** also: schwierige Lagen
astrum n. Gestirn, Stern – Nomin. und Akk. Plural **astra** (*Astronomie, Astrologie, Astronaut!*)
Kălĕndae f. plur. die Kalenden, in **Rom** der 1. Tag jedes Monats
Die beiden anderen festen Daten im Monat sind die **Nonen** (5.) und die **Iden** (13.). In den Monaten März, Mai, Juli, Oktober fallen die Iden auf den 15., die Nonen auf den 7.
Graecus, a, um griechisch
nummus m. Münze, auch: kleines Geldstück: Heller, Pfennig, Groschen
caecus, a, um blind – **lŭscus, a, um** einäugig
rēx m. König
armă n. plur. Waffen
mūsa f. Muse, Musenkunst – Plural **musae/musas**

Hier muss ich nun endlich einmal etwas zur **Aussprache gewisser Konsonanten** sagen.
Ein **s** ist im Lateinischen am Anfang eines Wortes und einer Silbe immer stimmlos.
Es ist also nicht weich (stimmhaft), wie wir es z.B in *sie sind* aussprechen, sondern scharf wie das **ß** in *begrüßen*. Daran muss man bei **sempitérnae, senténtiae** und bei **sunt** denken.
Auch über die Aussprache des lat. **c** vor den Vokalen **e** und **i** (und den Doppellauten **ae** und **oe**) ist etwas zu bemerken.
Vor 2000 Jahren wurde **jedes c** im Lateinischen wie **k** gesprochen. Das kann man natürlich auch heute noch tun und also *kito, dokere, amiki, amikitia, kaelum* sagen.
Sowohl in den romanischen Sprachen als auch im Latein der Gelehrten und der Kirche hat sich allerdings das **k** vor **e** und **i, ae und oe** schon früh in einen Laut verwandelt,
der im Italienischen **tsch** lautet (amitschi, tschaelum),
im Französischen **ß** (aus caelum wird ciel, gesprochen ßiel),
und bei uns **tß = z.** – In der Kirche und in der Wissenschaft hören wir bei uns zu Lande daher im Allgemeinen die Aussprache *dozere, amizi, zaelum usw.*

Pensum octāvum

Quŏt hŏmĭnēs, tŏt senténtiae. *Wie viele Menschen, so viele Meinungen.*
(Terenz, Phormio 454)

Dum vīrēs annīque sĭnŭnt, tŏlĕrātĕ lăbōrēs! *Solange die Kräfte und die Jahre es zulassen, ertragt die Mühen!*
(Ovid, Ars am. 2, 669)

Stultī tĭment fortūnam, săpĭéntēs fĕrunt. *Die Toren fürchten das Schicksal, die Weisen tragen es.*
(Publilius Syrus, Sent. S 6)

Fortēs fortūnă ádiŭvăt. *Die Tüchtigen unterstützt das Glück.*
(Griech. Sprichwort, zuerst bei Terenz, Phormio 203)

Plaudĭtĕ, cīvēs! *Klatscht Beifall, Bürger!*
(Übliche Aufforderung am Ende einer Komödie.)

Laus ălĭt artēs. *Lob nährt die Künste.*
(Seneca, epist. morales 102.16 zitiert dies als Wort eines alten Dichters.)

Omnĭă vĭncĭt ămŏr. *Alles besiegt die Liebe.*
(Vergil. ecl. 10, 60)

Hier tritt der **Plural** einer anderen **Deklination** ins Blickfeld: der **konsonantischen.** Sie ist ungeheuer vielfältig und umfasst Substantive aller drei Geschlechter und viele Adjektive.
Das Kennzeichen aller Wörter, die zu dieser Deklination gehören, ist, dass der Wortstamm mit einem Konsonanten endet.
Manchmal ist dieser Konsonant schon im Nominativ Singular sichtbar – wie z. B. bei **labor, fin-is, civ-is, fort-is.** Häufiger aber lassen erst die anderen Kāsūs erkennen, auf welchen Konsonanten der Wortstamm endet – wie z. B. **sapient-es, art-es, laud-em.**

Im Plural haben diese Nomina, soweit sie **Maskulina oder Feminina** sind, immer die Endung **-ēs**, sowohl im **Nominativ wie im Akkusativ.**

Für die **Neutra** gilt auch hier: die **Pluralendung ist -a, bei Adjektiven meist -ia (auch i-Deklination genannt).**

Der **Plural des Imperativs** wird mit der Endung **-tĕ** gebildet: **orāte!, vidēte!, venīte! plaúdĭtĕ!**

Die Verben:
sĭnĕrĕ lassen, zulassen (konsonant. Konjugation) vgl. **trahunt** P. 5!
tolerāre ertragen
ferre tragen – 3. P. Plural im Präsens: **ferunt**
plaúdĕrĕ Beifall klatschen, applaudieren (konsonantische Konj.)
ălĕrĕ ernähren (konsonant. Konjugation) – 3. P. Sg. **alit**
vincĕrĕ siegen, besiegen (konsonant. Konjugation) – 3. P. Sg. **vincit**

Die sonstigen Vokabeln:
hŏmō m. Mensch – Plural **hómĭnēs**
senténtia f. Meinung, Ansicht – Plural **senténtiae/sententias**
dum Konjunktion solange, während
vīrēs f. (Plural) Kräfte
annus m. Jahr – Plural **annī/annōs**
lăbŏr m. Mühe, Arbeit – Plural **lăbōrēs**
stultus, a, um töricht, dumm
săpĭēns m., f., n. weise – Plural **săpĭēntēs m. f., -tia n.**
fŏrtĭs, fortis, forte m., f., n. stark, tapfer, tüchtig – Plural **fortes, fortes, fortia**
cīvĭs m. und **f.** Bürger, Bürgerin – Plural **cīvēs**
laus f. Lob – Plural **laudēs**
ars f. Kunst – Plural **artēs**
omnis, omnis, omne ganz – **Pl. omnes, omnes, omnia** alle; alle Dinge = alles (vgl. multa P. 6!)
ămŏr m. Liebe – Plural **amōrēs**

Pensum nōnum

Fēlīx, quĕm făcĭūnt ăliēnă perículă cautum. *Glücklich der, den fremde Erfahrungen vorsichtig machen.*
(Mittelalterl. Spruch)

Iūcúndī actī labōrēs. *Angenehm sind vollbrachte Arbeiten.*
(Von Cicero, de finibus 2, 105 als Sprichwort zitiert.)

Vītă brĕvĭs est, ars longă. *Das Leben ist kurz, die Kunst lang.*
(Bei Seneca, de brevitate vitae 1, 1 zitiert.)

Ignis aurum prŏbat,
misséria fortēs vĭrōs. *Feuer prüft das Gold,*
Not tapfere Männer.
(Seneca, de Providentia 5, 10)

Măgnī fūrēs parvum dūcŭnt. *Die großen Diebe führen den kleinen ab.*
(Diogenes Laertius, Vitae philosophorum: Diogenes 6, 45)

Iūs summum saepe summă est mălĭtĭă. *Das höchste Recht ist oft die größte Bosheit.*
(Bei Terenz, Heauton timorumenos 796 als Sprichwort zitiert.)

Den Satz **magnī fūrēs parvum dūcunt** soll der Philosoph Diogenes gesagt haben, als Priester einen Mann abführten, der in ihrem Tempel eine Silberschale gestohlen hatte.

Die Texte dieser Seite geben Anlass, das grammatische Phänomen der **Kongruenz** zur Sprache zu bringen. Es bedeutet:

Das Adjektivattribut stimmt immer mit dem zugehörigen Substantiv in Genus, Numerus und Kasus überein.

Das ist einfach, wenn beide der gleichen Deklination angehören: *aliena pericula, summa malitia, caeca columba (p. 4), verae amicitiae (p. 5), pia facta, multos amicos (p. 6).*

9

Etwas schwieriger wird es, wenn Substantiv und Adjektiv verschiedenen Deklinationen angehören: *acti labores, magni fures* (Übereinstimmung jeweils: **Maskulinum, Plural, Nominativ**), *fortes viros* (Übereinstimmung **Mask., Plural, Akk.**), *summum ius* (Übereinstimmung **Neutrum, Singular, Nominativ**)

Dasselbe Gesetz der Kongruenz gilt auch für Subjekt und Prädikatsnomen:
iucundi sunt (acti labores); vita brevis est, ars longa est
Im Deutschen machen wir es uns einfacher!

făcĕrĕ machen (konson. Konjugation, aber s. pensum 13) 3. Pers. Plural **făcĭŭnt**
dūcĕrĕ führen (konsonantische Konjugation) 3. Pers. Plur. **dūcunt**
probāre erproben, prüfen
fēlīx m., f., n. glücklich (konsonant. Dekl.))
ălĭēnus, a, um fremd
pĕrīcŭlum n. Gefahr, Erfahrung – Plural **perīcula**
cautus, a, um vorsichtig
iūcúndus, a, um angenehm, erfreulich
actus, a, um (Partizip Perfekt) getan, geleistet, vollbracht
vītă f. Leben
brĕvĭs, brevis, brevĕ kurz (konsonant. Dekl.)
longus, a, um lang
ignis m. Feuer (konsonant. Dekl.)
aurum n. Gold
miseria f. Not, Elend
vir m. Mann (o-Dekl.) – Plural: **viri/viros**
fūr m. Dieb – Plural Nom./Akk. **fūrēs**
măgnŭs, a, um groß
parvus, a, um klein
iūs n. Recht Akk. **iūs,** – Plural **iūră**
summus, a, um der, die, das höchste
saepe oft
mălĭtĭă f. Bosheit, Schurkerei

Pensum dĕcĭmum

Ómnĭă quadrāta currunt.

Alles läuft viereckig
(d. h. ordentlich, wie es sich gehört).
Alles läuft wie am Schnürchen.
(Petron, Satyrica 43, 7)

O témpŏră, o mōrēs!

O Zeiten, o Sitten!
(Cicero, in Catilinam 1, 2)

Rēgnă cŭstōdĭt mĕtŭs.

Königreiche schützt die Furcht.
(Seneca, Oedipus 704)

Pāx est trănquĭllă līběrtās.

Frieden ist ungestörte Freiheit.
(Cicero, Philippicae 2, 113)

Līběrae sunt ĕnĭm nŏstrae cōgĭtātĭōnēs.

Frei sind nämlich unsere Gedanken.
(Cicero. pro T. Annio Milone 79)

Iniúriam aurēs facílius quam oculī fĕrunt.

Unrecht ertragen die Ohren leichter als die Augen.
(Publilius Syrus, Sententiae I 35)

Accĭpĕre quam făcĕre praestăt iniūriam.

Es ist besser, Unrecht zu erleiden als zu tun.
(Cicero. Tusc. disp. 5, 56)

Einige Endungen sind durch Unterstreichung kenntlich gemacht. Ich verweise auf die Darlegungen über die **Kongruenz** in P. 9!

Die neuen **Verben:**
currĕre laufen (**konson.** Konjugation)
cŭstōdīrĕ bewachen, hüten (**i**-Konjugation)
accĭpĕre annehmen, empfangen (**konson.** Konjugation)
praestat es ist besser (**ā**-Konjugation)

Die sonstigen **Vokabeln:**
quadrātus, a, um viereckig, passend, wohlgefügt
tĕmpŭs n. Zeit – Plural **témpŏră**
mōs m. Sitte, Brauch – Plural **mōrēs**
rēgnŭm n. Königreich – Plural Nom./Akk. **regna**
mĕtŭs m. Furcht (**ū-Deklination** wie **ūsŭs** und **mănŭs**!)
pāx f. Friede – Akk. **pācĕm**
trănquĭllŭs, a, um ruhig, ungestört
lībĕrtās f. Freiheit
lībĕr, lībĕră, lībĕrŭm frei – Plural **liberi, liberae, libera** (ō/ā-Dekl.)
nŏstĕr, nŏstră, nŏstrŭm unser – Plural **nostrī, nostrae, nostra** (ō/ā-Dekl.)
cōgĭtātĭō f. Denken, Gedanke – Plural **cōgĭtātiónēs**
iniūria f. Unrecht – Akk. **iniuriam**
auris f. Ohr – Plural **aurēs**
ŏcŭlŭs m. Auge – Plural **ócŭlī**
făcílĭŭs Adverb leichter
quăm (Vergleichswort) als, wie

Die letzte der Sentenzen oben führt uns in die Gedankenwelt des griechischen Philosophen **Sokrates (470 – 399 v. Chr.)**, der in **Athen** lehrte. Von ihm selbst ist uns nichts Schriftliches überliefert. Sein Schüler **Platon (427 – 347 v. Chr.)** jedoch vermittelt in vielen **Dialogen** ein Bild von der Lehrweise seines Lehrers bis hin zum Tod des Sokrates durch den Schierlingsbecher, nachdem er wegen der Gefährlichkeit seiner Lehren von den Regierenden in Athen zum Tode verurteilt war. –
M. Tullius Cícero (106 – 43 v. Chr.) hat in seinen philosophischen Schriften der lateinischen Welt die Gedanken der griechischen Philosophen vermittelt. Zu diesen philosophischen Schriften gehören auch die **Tusculanae disputationes**, die Gespräche, die er auf seinem Landgut **Tusculum** mit seinen Freunden führte.

Pensum undécimum

Hīc Rhŏdus, hīc saltā!

Hier ist Rhodos, spring hier!
(nach Aesop, Fab. 203)

Quī sē ĭpsĕ laudăt, cĭtō dērĭsōrĕm ĭnvĕnĭt.

Wer sich selbst lobt, findet schnell einen Spötter.
(Publilius Syrus, Sententiae Q 45)

Căvē cănĕm!

Beachte den Hund!
(Warnung am Hauseingang)

Căn<u>ĭs</u> tĭmĭd<u>ŭs</u> vĕhĕmĕntĭŭs lātrăt quăm mŏrdĕt.

Ein ängstlicher Hund bellt heftiger als er beißt. Hunde, die bellen, beißen nicht.
(Als Sprichwort der Baktrianer bei Curtius Rufus zitiert.)

Hāc urgĕt lŭpŭs, hāc cănĭs.

Hier lauert der Wolf, hier der Hund.
(Horaz, Sermones 2, 2, 64: Sprichwort)

Hērēditātem ĭnhĭăt quăsĭ ēsŭr<u>ĭēns</u> lŭp<u>ŭs</u>.

Er giert nach der Erbschaft wie ein hungernder Wolf.
(Plautus, Stichus 605)

Incŭstōdīt<u>ŭm</u> căptăt ŏvīl<u>ĕ</u> lŭpŭs.

Den unbewachten Schafstall erbeutet der Wolf.
(Ovid, Tristia 1, 1, 16)

Dreimal sind wieder die **Endungen bei einem Substantiv und dem dazugehörigen Attribut** durch Unterstreichung kenntlich gemacht! Sie gehören unterschiedlichen Deklinationen an!

Zunächst die neuen **Verben**:
saltāre tanzen
laudārĕ loben
căvērĕ beachten, sich in Acht nehmen, sich hüten vor … mit **Akk.-Objekt**
lātrārĕ bellen

mŏrdērĕ beißen
urgērĕ bedrängen, bedrohen
inhiāre den Mund aufsperren, gierig auf etwas sein – mit **Akk.**
ēsŭrīre hungern
căptārĕ zu fangen, zu erbeuten suchen, erbeuten

In **ēsuriēns m., f., n.** erscheint eine neue Verbform: das **Partizip Präsens Aktiv.**
Es wird mit dem Suffix -nt- nach der konsonantischen Deklination gebildet:
sănāns, Plur. **sănăntēs – mŏnēns,** Plur. **mŏnĕntēs – lĕgēns,** Plural **lĕgĕntēs – vĕnĭēns,** Plural **vĕnĭĕntēs.** Im Deutschen bilden wir das Part. Präsens ***heilend, mahnend, lesend, kommend*** genau so!

Die **sonstigen Vokabeln:**
hīc Abverb hier
sē Akk. sich (rückbezügliches Fürwort)
ipse, ipsă, ipsum er, sie, es selbst
cănĭs m. Hund – Akk. **cănĕm**
tĭmĭdŭs, a, um (tĭmērĕ!) furchtsam, ängstlich
veheméntius (Adverb, Komparativ) heftiger
hāc Adv. auf dieser Seite, hier
lŭpŭs m. Wolf – Akk. **lupum**
hērēdĭtās f. Erbschaft – Akk. **hereditátem**
ĭncŭstōdītŭs, a, um (cŭstōdīre! Part. Perf. Pass. mit in- verneint) unbewacht
ŏvīlĕ n. Schafstall – Akk. **ŏvīlĕ**

Hic Rhodus, hic salta! ist die Pointe einer Anekdote, in der ein ziemlich schlapper Athlet sich rühmt, in der Fremde außerordentliche Leistungen vollbracht zu haben. Insbesondere habe er auf Rhodos einen Sprung getan, den kein Olympiasieger übertreffen könne. Das könnten alle bezeugen, die dabei gewesen seien. – Da sagt einer der Umstehenden den noch heute gelegentlich zitierten Satz.

Pensum duodécimum

Die pensa sind nun beim Dutzend angelangt. Da sollte denn doch etwas über **die römischen Zahlwörter** gesagt werden.
Ich habe die **pensa** mit den **Ordnungszahlen** gezählt, wie es sich im Lateinischen gehört. **Wir** dagegen benutzen die **Grundzahlen**. Ich stelle nun beide Reihen von 1 bis 12 nebeneinander:

ūnus, a, um	einer, eine, ein	**prīmus, a, um**	der erste
dŭŏ, duae, duo	zwei	**sĕcúndus, a, um**	der zweite
trēs, tres, tria	drei	**tertius, a, um**	der dritte
quáttuor	vier	**quartus, a, um**	der vierte
quinque	fünf	**quintus, a, um**	der fünfte
sex	sechs	**sextus, a, um**	der sechste
septem	sieben	**séptimus, a, um**	der siebente
octo	acht	**octāvus, a, um**	der achte
nŏvem	neun	**nōnus, a, um**	der neunte
dĕcĕm	zehn	**décimus, a, u,**	der zehnte
úndĕcĭm	elf	**undécimus**	der elfte
duódĕcĭm	zwölf	**duodécimus, a, um**	der zwölfte

Die **Zahlen von 1 bis 10** halten die Erinnerung an die Urverwandtschaft wach, die zwischen dem Lateinischen und unserer eigenen Sprache besteht. Sie gehören zum Urgestein in allen **indogermanischen Sprachen.**

Indogermanisch nennt man eine große Gruppe von Sprachen, deren östlichste man in Indien entdeckt hat und als deren westlichste man zunächst das Germanische ansah. Inzwischen weiß man, dass auch das Keltische zu dieser Sprachfamilie gehört, so dass sie eigentlich indo-keltisch heißen müßte. Stattdessen ist der Begriff **„Indo-europäisch“** im Gebrauch.

Um die **Urverwandtschaft zwischen lateinischen und deutschen Wörtern** aufzuzeigen, muss man etwas von den Gesetzen wissen, nach denen sich die einzelnen Sprachen aus der vorauszusetzenden gemeinsamen Ursprache entwickelt haben. Das ist ein weites Feld! Ich will nur zu einigen der Zahlen etwas sagen.

12

Der Anlaut **d** von **dŭŏ** und **dĕcĕm** erscheint in den germanischen Sprachen immer als **t**: engl. **two, ten**. Dass wir **zwei (zwo)** und **zehn** sagen, beruht auf einer Verschiebung des Lautes **t** zu **z**, die nur das Hochdeutsche vor mehr als 1200 Jahren vollzogen hat.

Was im Lateinischen als **t** anlautet, **trēs**, erscheint in den germanischen Sprachen als **th**, engl. **three**, und bei uns im Deutschen als **d: drei**. Dasselbe Verhältnis besteht z. B. zwischen lat. **tu** und deutsch **du**.
Bei **ŏctŏ acht** erscheint völlig gesetzmäßig anstelle dessen, was im Lateinischen als **ŏ** auftritt, ein **ă** (etwa wie bei den urverwandten Wörtern **nŏct-em** und **Nacht**). Das idg. **k** wird regelmäßig im Germanischen zu **ch** und es bleibt – wie bei **decem/zehn** – oft nur das **h** als Erinnerung übrig.

Unsere **Monatsnamen**, an die wir angesichts der Zahlen von **septem** bis **decem** sofort denken, beruhen allerdings nicht auf der angedeuteten Urverwandtschaft, sondern sind erst spät aus dem Lateinischen **entlehnt.**
Wieso trägt aber unser **neunter** Monat, der September, die Zahl **Sieben?**
Das erklärt sich mit der Tatsache, dass die Römer ursprünglich das Jahr mit dem 1. März beginnen ließen. Da ist der September dann wirklich der siebente und der Dezember der zehnte Monat.
Der **Juli** hieß ursprünglich **mēnsĭs quintīlis**, der fünfte Monat, und der **August** hieß **mēnsĭs sextīlis**, der sechste Monat, bis sie vor rund 2000 Jahren zu Ehren von C. **Iulius** Caesar (100 – 44 v. Chr.) und **Augustus** (63 v. Chr. – 14 n. Chr.) umbenannt wurden.

Pensum tértium dĕcĭmum

Dŭm spīrō, spērō.	*Solange ich atme, hoffe ich.*
	(Sprichwort)
Vīvōs vŏcō, mortuōs plangō, fúlgŭra frangō.	*Die Lebenden rufe ich, die Toten beklage ich, die Blitze breche ich.*
	(Inschrift einer Glocke am Schaffhauser Münster, 1486/ Motto zu Schillers „Lied von der Glocke“ 1799)
Amō tē/ămā mē.	*Ich liebe dich/liebe mich.*
	(Gravur in einem Ring)
Audī, ŏbsĕcrō!	*Hör zu, ich beschwöre (dich)!*
	(Terenz, Phormio 486)
Audĭō tŭmúltŭm.	*Ich höre einen Tumult.*
	(Plautus, Rud. 661)
Chărīnŭm vĭdĕō. salvē!	*Ich sehe Charinus. Sei gegrüßt!*
	(Terenz, Andria 318)
Vĕhĕmĕntĕr gaudĕo.	*Ich freue mich gewaltig.*
	(Cicero, ad Atticum 4, 14, 1)
Valde enim exspecto litteras tuas.	*Sehr erwarte ich nämlich deinen Brief.*
	(Cicero, ad Atticum 2, 5, 3)
Exsulto, quotiens epistulas tuas accipio.	*Ich juble, sooft ich deine Briefe empfange.*
	(Seneca, epist. mor.19, 2)
Ego dissentio.	*Ich bin anderer Meinung.*
	(Seneca, epist.mor. 67, 5)

Die 1. Person des Präsens Indikativ Aktiv wird durch die Endung -ō angezeigt, ohne dass es eines Personalpronomens bedarf.

Das gilt für alle vier Konjugationen. Bei der **ā-Konjugation** wird aus -ao ein -ō.
Die **ē-Konjugation** signalisiert sich durch -ĕō, die **ī-Konjugation** durch -ĭō.
Die **konsonantische Konjugation** hängt das **ō** an den Stamm, der mit einem Konsonanten endet **(dīcō, plango, frango)**.
Bei einigen Verben, wie z. B. **făcĕrĕ,** schiebt sich im Präsensstamm vor die Endungen, die mit **o, e** oder **u** beginnen, **noch ein i ein**. **(făcĭō, făcĭŭnt)**

Ich zitiere von nun an die Verben mit dem Infinitiv und der 1. Pers. Präs.; Wörterbücher zitieren lat. Verben mit der 1. Pers. Präs.: spiro.

spīrāre, spīrō hauchen, atmen
spērāre, spērō hoffen
vŏcāre, vŏcō rufen
plăngĕre, plangō beklagen
frăngĕre, frangō brechen
ămārē, ămō lieben
audīrĕ, audĭō hören
obsĕcrārĕ, obsĕcrō beschwören, dringlich bitten
vĭdērĕ, vĭdĕō sehen
gaudērĕ, gaudĕō sich freuen
exspectāre, exspectō erwarten
exsultare, exsulto jubeln
accipĕre, accipio empfangen
dissentīre, dissentiō anderer Meinung sein

dum Konjunktion während, solange
vīvus, a, um lebend, lebendig – **mŏrtŭus, a, um** tot
fŭlgŭr n. Blitz – Plural **fúlgŭră**
mē mich/**tē** dich – Akkusative zu den Personalpronomina **ego** *ich* und **tu** *du*, die im Nominativ nur dann auftreten, wenn das Subjekt besonders betont werden soll.
tŭmŭltŭs m. Tumult, Lärm – **vĕhĕmĕntĕr** Adverb heftig, stark, gewaltig
valde Adverb sehr, heftig, stark – **litterae f. Plur.** Brief (wörtl. Buchstaben)
quotiens Adv. sooft wie

Pensum quartum décĭmum

In dŭbĭō prō rĕō.

Im Zweifel für den Angeklagten.
(Digesta 42, 1, 38)

Dē mortŭīs nīl nĭsĭ bĕnĕ.

Über die Toten nichts, wenn nicht gut.
(angeblich ein Wort von Solon)

In pācĕ lĕōnēs, in proeliō cĕrvī.

Im Frieden Löwen, im Kampf Hirsche.
(nach Tertullian, De corona militis 1, 5)

Nōn pendent ab ărbŏrĕ mălā bŏnī frŭctūs.

Es hängen nicht von einem schlechten Baum gute Früchte herab.
(Sprichwort)

Anĭmŭs in pátĭnīs est.

Mein Geist ist bei den Schüsseln.
(Terenz, Eunuchus 816)

Egŏ in portū nāvĭgō.

Ich segle im Hafen.
(Terenz, Andria 480)

Ocŭlī sunt in amōre dūcēs.

Die Augen sind in der Liebe die Lenker.
(Properz, Elegiae 2, 15, 12)

Hier erscheint der **Ablativ**, ein **Kasus**, der im Lateinischen eine große Rolle spielt und den unsere Sprache nicht kennt. Wörtlich übersetzt heißt er: **„Weg-trage-Kasus“**, aber **Trennung** auszudrücken ist nur **eine** seiner vielfältigen Möglichkeiten.

Präpositionen haben im Lateinischen entweder den **Akkusativ** bei sich (wie in P. 7) oder aber den **Ablativ**. Die ersten **Präpositionen mit dem Ablativ**, die hier vorkommen, sind:
in mit Abl. in (auf die Frage „Wo?“)
prō mit Abl. vor, für
dē mit Abl. von, über
ā, ab mit Abl. von, von … weg

Bei der **ō-Deklination** hat der **Ablativ** im **Singular** die Endung -ō, im **Plural** -īs: **in dubio, in proelio, de mortuis.**

Bei der ā-Deklination: **Ablativ Sing. -ā, Plural -īs.: (ab arbore) malā, in pătĭnīs**

Die **konsonantische Deklination** hat im **Singular die Ablativendung -ĕ: in pācĕ, ab árbŏrĕ.**
Die **ū-Deklination** hat im **Ablativ Singular** die Endung -ū: **in pórtū**

dŭbĭŭs, ă, ŭm ungewiss, zweifelhaft
dubium n. Zweifel – Abl. **dubiō**
rĕus m. Angeklagter – Abl. **rĕō**
nīl oder **nĭhĭl** nichts
nĭsĭ wenn nicht (**nĭhĭl nĭsĭ** = nur)
bĕnĕ gut (Adverb zu **bŏnŭs, ă, ŭm** gut)
pāx f. Friede – Abl. **pācĕ**
lĕō m. Löwe – Pl. **lĕōnēs** (Nom. und Akk.)
proelĭum n. Kampf – Ablativ **proelĭō**
cĕrvŭs m. Hirsch – Plural Nominativ **cĕrvī**
pendērĕ, pendĕō hangen (intransitiv)
árbŏr f. Baum – Abl. **árbŏrĕ, Attribut** dazu **mălā** nach der ā-Dekl.!
mălŭs, a, um schlecht
frŭctŭs m. Frucht (**ū-Deklination**) – Plural Nom. und Akk. **frŭctūs**
ánĭmŭs, i m. Geist, Sinn, Denken
pătĭnă f. Pfanne, Schüssel
nāvĭgārĕ, nāvĭgō mit dem Schiff (nāvĭs) fahren, segeln
pŏrtŭs m. Hafen (**ū-Deklination**) Abl. **portū**
ŏcŭlus m. Auge – Pl. **oculi**
ămŏr m. Liebe
dŭx m. Führer, Lenker

Bei **ab arbore mala** und bei **boni fructus** folgen Substantiv und Adjektiv wieder verschiedenen Deklinationen!
Schema der u-Deklination s. pensum 18.

Pensum quintum decimum

Nullă poenă sĭnĕ lēgĕ. *Keine Strafe ohne ein Gesetz.*
(Rechtsgrundsatz, in dieser Form von Anselm von Feuerbach um 1800)

Sĭnĕ īrā et stŭdĭō. *Ohne Zorn und ohne Parteilichkeit.*
(Tacitus, Annales 1, 1, 3 – so will er Geschichte schreiben.)

Ex ĭgnĕ ut fūmŭs,
sic fāmă ex crīmĭnĕ surgit.
Wie aus dem Feuer der Rauch,
so entsteht die Nachrede aus einer Beschuldigung.
(Cato, Monosticha 14)

Ex ŭnguĕ lĕōnĕm. *Aus der Pranke den Löwen (erkennen).*
(Als griechisches Zitat bei Plutarch überliefert)

Cum bŏnīs ámbŭlā! *Hab Umgang mit Guten!*
(Pseudo-Cato, brev.sent. 6)

Omnĭă mĕă mēcum portō. *Alle meine Habe trage ich mit mir.*
(Nach Cicero, Paradoxa Stoic. 1, 18 ein Wort des Philosophen Bias nach einem Schiffbruch)

Pāx tēcum! *Friede sei mit dir!*
(Vulgata, iudices 6, 23)

Dŏmĭnŭs vōbīscum!
Et cum spīrĭtū tŭō.
Der Herr sei mit euch!
Und mit deinem Geiste (d. h. und auch mit dir)
(Aus der römischen Mess-Liturgie)

Vāde mēcum! *Geh mit mir!*
(Heute Bezeichnung für einen Ratgeber oder einen Leitfaden, von dem man sich nicht gern trennt. Im 16. Jh. gab **Petrus Lotichius**, ein Heidelberger Medizinprofessor und Verfasser neulateinischer Gedichte, einer Sammlung seiner Epigramme diesen Titel.)

Weitere **Präpositionen mit dem Ablativ:**
sĭnĕ ohne – **ex** aus – **cum** mit

Bei den **Personalpronomina** wird **cum** gern an das Pronomen im Ablativ **angehängt**.

Die Nominative heißen **ego** *ich*, **tu** *du*, **nos** *wir*, **vos** *ihr* – sie kommen im Lateinischen weniger oft vor als bei uns, da das Lateinische die Personen durch die Endungen der Verben kenntlich macht.

surgĕrĕ, surgo aufstehen, sich erheben
ambulārĕ, ámbŭlō umhergehen, spazieren gehen, Umgang haben
pŏrtāre, pŏrtō tragen
vādĕrĕ, vādō gehen

nullus, a, um keiner, keine, kein
poena f. Strafe
lēx Abl. lēgĕ Gesetz
īra f. Abl. īrā Zorn
stŭdium n. Abl. studio Eifer, Parteinahme
ĭgnĭs m. **Abl. igne** Feuer
fūmus m. Rauch
fāma f. Ruf, Gerücht, Nachrede
crīmen n. Abl. crímĭnĕ Anklage, Beschuldigung
ŭnguĭs, unguis m. Nagel, Klaue, Kralle
mĕŭs, ă, um (Possessivpronomen) mein
ómnĭă mĕă Neutrum Plural: alle meine Sachen
dŏminus m. Herr (ō-Deklination)
spīritus m. Hauch, Geist -(ū-Deklination) Ablativ **spīrĭtū**

Deklinationsschema der u-Deklination unter P. 18

Pensum sĕxtum décĭmum

Urbī et orbī.

Der Stadt und dem Erdkreis
(gibt der Papst seinen feierlichen Segen).

Frēnōs impōnĭt línguae cōnscĭēntĭă.

Zügel legt der Zunge
das Gewissen an.
(Publilius Syrus, Sententiae F 31)

Quod lĭcĕt Iŏvī,
nōn lĭcĕt bŏvī.

Was Jupiter erlaubt ist,
ist dem Ochsen nicht erlaubt.
(Sprichwort, bei H. Walther Nr. 2587)

Corvus corvō
numquam ŏcŭlōs éffŏdit.

Der Rabe hackt dem Raben
niemals die Augen aus.
(Sprichwort)
Eine Krähe hackt der andern
kein Auge aus.

Hŏmō hŏmĭnī lŭpŭs.

Der Mensch ist dem Menschen ein Wolf.
(Plautus, Asinaria 495)

O vītă, mĭsĕrō longă, fēlĭcī brĕvĭs.

O Leben, dem Unglücklichen lang,
dem Glücklichen kurz!
(Publilius Syrus, Sententiae O 3)

Hier erscheint erstmals der **DATIV.** Der Name weist auf das Verb **dăre geben** hin. Beim Geben liegt die Frage **WEM?** nahe.

In der Übersetzung hätte ich in den beiden letzten Sätzen statt des Dativs im Deutschen ganz gern die Präposition „für“ benutzt und gesagt:
Der Mensch ist ***für den Menschen*** ein Wolf. – und: … ***für den Unglücklichen, für den Glücklichen.***
Der Dativ als Antwort auf die Frage **FÜR WEN?** wird uns öfter begegnen.

Die Endung des Dativs ist im Singular immer das lange ī.

Bei der ō-Deklination ist das allerdings nicht mehr erkennbar. Da ist das **i** von dem langen **ō** verschluckt worden **(corvō, miserō).**

Bei der ā-Deklination ist aus -**āī** ein **-ae** geworden **(linguae).**
Die konsonantische Deklination zeigt das **-ī** immer **(urbi, homini, felici),** ebenso die **ē- und die ū-Deklination,** die auf dieser Seite nicht vorkommen.

urbs f. Stadt – Akk. **urbĕm,** Plural **urbēs**
ŏrbĭs m. Erdkreis – Akk. **orbĕm,** Plural **orbēs**
frēnum n. Zügel – Akk. **frēnum,** Plural **frēnă,** bei bildl. Gebrauch **frēnī/ frēnōs m.**
impōnĕrĕ, impōnō auflegen, anlegen
língŭă f. Zunge, Sprache – Dat. **linguae,** Akk. **linguam,** Plur. **linguae/ linguās**
cōnscĭĕntĭă f. Gewissen
Iŭppĭtĕr m. Jupiter, zusammengesetzt aus **Iŏv(ĭs)-pătĕr** – Dat. **Iŏvī,** Akk. **Iŏvĕm**
lĭcēre, lĭcĕō erlaubt sein – Fremdw. ***Lizenz***
bōs m. f. Rind, Ochse – Dat. **bŏvī,** Akk. **bovem**
corvus m. Rabe – Dat. **corvō,** Akk. **corvum,** Plural **corvī/corvōs**
nŭmquăm niemals
ŏcŭlŭs m. Auge – Dat. **oculō,** Akk. **oculum,** Plural **oculī/oculōs**
effŏdĕrĕ, effódĭō ausgraben, aushacken
hŏmō m. Mensch – Dat. **hŏmĭnī,** Akk. **hominem,** Plural Nom. und Akk. **hominēs**
vītă f. Leben – Akk. **vitam,** Plural **vitae/vitās**
mĭsĕr, mĭsĕră, mĭsĕrŭm elend, unglücklich (ō/ā-Deklination)
longus, a, um lang (ō/ā-Deklination)
brĕvĭs, brĕvĭs, brĕvĕ kurz (konsonant. Deklination)

Pensum séptĭmum décĭmum

Aurōra mūsīs ămīcă.	*Die Morgenröte ist den Musen gewogen.* (Sprichwort)
Ingrātus ūnus ómnibus miserīs nŏcĕt.	*Ein einziger Undankbarer schadet allen Armen.* (Publilius, Sententiae I 14)
Dăt vĕnĭăm corvīs, vexat cēnsūră cŏlúmbās.	*Den Raben ist sie gefällig, es quält die Zensur dieTauben.* (Juvenal, Saturae 3, 62)
Leōnēs nōn sunt pāpiliōnĭbŭs mŏlĕstī.	*Löwen sind für Schmetterlinge nicht beunruhigend.* (Martial, Epigrammata 12, 61, 5f.)
Īgnāvīs sĕmpĕr fērĭae sunt.	*Faule haben immer Ferien.* (Griechisches Sprichwort)
Fortūna fatuīs făvet.	*Das Glück ist Dummköpfen günstig.* (Sprichwort, mittelalterlich)
Aliēnă nōbīs, nostră plūs ălĭīs plăcĕnt.	*Fremdes gefällt uns, das Unsere anderen mehr.* (Publilius Syrus A 28)
Sīmĭă quam sĭmĭlĭs, turpíssĭmă bestiă, nōbīs!	*Der Affe, wie ähnlich ist er uns, dies grundhässliche Tier.* (Ennius, zitiert bei Cicero, De natura deorum 1, 97)

Bei den Nomina der ō- **und der ā-Deklination** haben wir im **Dativ Plural die Endung -īs (mūsīs, ignāvīs),**
bei den anderen Deklinationen **die Endung -bŭs bzw. -ĭbŭs (ómnibus).**

Dativ und Ablativ sind im Plural immer gleich!

aurōră f. Morgenröte,
mūsă f. Muse (himmlische Schirmherrin einer Kunst oder Wissenschaft) – Plural **mūsae,** Dativ Plur. **musīs**
ămīcus, a, um freundlich, wohlgesonnen, geneigt – **ămícă** f. Freundin
ingrātŭs, a, um undankbar
ūnŭs, a, um einer, ein einziger
mĭsĕr, misera, um unglücklich, elend, arm
vĕniam dăre Verzeihung, Nachsicht gewähren, gefällig sein
vexāre, vexo quälen
censūră f. Zensur (Aufsichtsbehörde, Sittenkontrolle)
lĕō m. Löwe – Plur. **lĕōnēs**
pāpĭlĭō m. Falter, Schmetterling – Plur. **pāpiliōnēs**
mŏlĕstus, a, um beschwerlich, lästig, beunruhigend
īgnāvŭs, a, um träge, faul, feige
semper Adverb immer
fērĭae f. Plural Feiertage, Ferien
esse mit dem Dativ: haben („mir sind Ferien")
făvērĕ, făvĕō günstig, geneigt, gewogen sein
fătŭŭs, a, um einfältig, albern, töricht, Narr
ălĭēnŭs, a, um fremd, einem anderen gehörig
ălĭŭs, a, ud ein anderer, – **ălĭī, ălĭae, ălĭă** andere
nōbīs uns – Dativ des Personalpronomens **nōs** wir
nŏster, nostra, um unser Possessivpronomen – im Neutrum Plural: **nostra** unsere Sachen
placēre, placeō gefallen
sīmĭă f. Affe
sĭmĭlĭs, similis, simile ähnlich
tŭrpĭs, turpis, turpĕ hässlich
turpíssĭmus, a, um der **Superlativ** kann als sog. **Elativ** die Bedeutung *sehr, ungemein, überaus hässlich* haben.

Pensum dŭŏdēvīcēsĭmum

Sīc trānsĭt glōria mundī. *So vergeht der Ruhm der Welt.*
(nach Thomas a Kempis, De imitatione Christi 1, 3, 30, beim ersten Auftritt eines neuen Papstes wird unter Ausruf dieses Satzes ein Bündel Werg verbrannt.)

Glōrĭă in ĕxcĕlsīs dĕō
et in terrā pāx hŏmínĭbus
bonae voluntatis.

Ehre (sei) Gott in der Höhe
und auf der Erde Friede den Menschen
guten Willens.
(Lukas 2, 14)

Quī pĭngĭt flōrĕm,
nōn pingit flōrĭs ŏdōrĕm.

Wer eine Blume malt,
malt nicht den Duft der Blume.
(Vers aus e. mittelalterl. Handschrift aus Basel; bei Werner/Flury Nr. 114)

Īră ĭnítĭŭm īnsānĭae. *Zorn ist der Anfang des Wahnsinns.*
(Ennius, zitiert bei Cicero, Tusculanae disputationes 4, 52)

Cĭbī cŏndīméntŭm fămēs est. *Die Würze der Speise ist der Hunger.*
(Bei Cicero, De finibus 2, 90 als Ausspruch von Sokrates zitiert.)

Grăvíssĭmŭm est ĭmpĕrĭŭm cōnsŭētúdĭnĭs. *Am schwersten ist die Herrschaft der Gewohnheit.*
(Publilius Syrus, Sent. G 8)

Doctrīna est dŭlcĭs frŭctŭs rādīcĭs amārae. *Bildung ist die süße Frucht einer bitteren Wurzel.*
(Catonis Monosticha 40)

Hier erscheinen **Genitive der ā-, der ō- und der konsonantischen Deklination im Singular.**

Der **Genitiv Singular** lässt im Lateinischen bei allen Nomina erkennen, welcher Deklination sie angehören. Daher ist es in Wörterbüchern üblich, dem Nominativ immer den Genitiv hinzuzufügen. Das genügt.

Die neuen Wörter:

trānsīre, trānsĕō hinübergehen, vergehen
glōrĭă, gloriae f. Ruhm, Ehre
mundus, ī m. Welt
excelsus, a, um hoch emporragend, als Substantiv **excelsum, i n.** die Höhe
terra, terrae f. Erde
pāx, pācĭs f. Friede
hŏmō, hŏmĭnĭs m. Mensch
vŏlúntās, vŏlŭntátĭs f. Wille
pĭngĕrĕ, pingo malen
flōs, flōrĭs m. Blume
ŏdŏr, ŏdōrĭs m. Duft
īră, īrae f. Zorn
ĭnĭtĭŭm, initiī n. Anfang, Eingang **(in-īre!)**
īnsānĭă, īnsāniae f. Wahnsinn
cĭbŭs, cĭbī m. Speise
cŏndīmĕntŭm, condimentī n. Gewürz
fămēs, fămĭs f. Hunger
grăvíssimus, a, um der, die, das schwerste, Superlativ zu **grăvĭs, grăvĭs, grăvĕ** schwer
ĭmpĕrĭŭm, imperiī n. Herrschaft, Befehl **(imperāre!)**
cōnsŭētūdō, cōnsŭētúdĭnĭs f. Gewohnheit
doctrīna, ae f. Lehre, wissenschaftliche Bildung
dulcis, is, e süß
fructus, ūs m. Frucht
rādīx, rādīcis f. Wurzel
ămārus, a, um bitter, herb

Die **Kasusendungen der u-Deklination** am Beispiel **fructus:**

	Nom.	Gen.	Dat.	Akk.	Abl.
Sg.	fructus	fructūs	fructuī	fructum	fructū
Pl.	fructūs	fructuum	fructibus	fructūs	fructibus

Pensum ūndēvīcēsimum

Rĕpĕtītĭō est māter studiōrum. *Wiederholung ist die Mutter der Studien.*
(Sprichwort)

Omnĭs hăbĕt sŭă dōnă dĭēs. *Jeder Tag hat seine Gaben.*
(Martial, Epigrammata 8, 78, 7)

Nōndŭm ómnĭŭm dĭērum sōl óccĭdĭt. *Es ist noch nicht aller Tage Sonne untergegangen.*
(Livius, ab urbe condita libri 39, 26, 9)
Es ist noch nicht aller Tage Abend.

Rērum ómnium custōs est mĕmŏrĭă. *Aller Dinge Hüterin ist die Erinnerung.*
(Cicero, Partit. oratoriae 3)

Caecī sunt ŏcŭlī, cum mēns ălĭās rēs ăgĭt. *Blind sind die Augen, wenn der Geist andere Dinge treibt.*
(Publilius Syrus, Sent. C 30)

Sĕcundās rēs splendidĭōrēs <u>făcĭt ămīcĭtĭă</u> et advérsās lĕvĭōrēs. *Freundschaft macht Glück glänzender und das Unglück leichter.*
(Cicero, De amicitia 22)

Der **Genitiv Plural** hat in der **ō-, der ā- und der ē-Deklination** die Endung **-rŭm.**
Es heißt also **amicō-rum, dĕō-rum, mūsā-rum, poētā-rum, rē-rum, diē-rum.**

Bei den anderen Deklinationen (**ū-Deklination und konsonantische Deklination**) heißt die Endung im **Gen. Plur. -ŭm oder -iŭm.**
Beispiele: **mănū-ŭm, omn-ium, homin-um, urb-iŭm, art-ium.**

Das Deklinationsschema der ē-Deklination, die bisher nur in Pensum 3 mit dem Wort **diēs m.** ***Tag*** erschienen ist, lautet:

im Singular:	diēs,	diēī,	diēī,	diem,	diē
im Plural:	diēs,	diērum,	diēbus,	diēs,	diēbus

Die meisten Substantive der ē-Deklination sind Feminina.

Die Zahl der Wörter, die zur ē-Deklination gehören, ist nicht sehr groß, dafür aber gehört ein Nomen hinein, das zu den vielseitigsten der lat. Sprache zählt, nämlich
rēs, rĕī f. Sache, Ding, Gegenstand, Besitztum, Lage, Unternehmen u. v. m.

rēs pūblĭcă *die öffentliche Sache* ist der Staat, das Gemeinwesen – bis heute als *Republik* in vielen Sprachen geläufig.
rēs secúndae, rērŭm sĕcŭndárŭm f. pl. die günstigen Sachen bezeichnen das *Glück*,
rēs advérsae, rērŭm adversárum f. pl. die widrigen Dinge, das *Unglück*.

repetītĭō, ōnĭs f. Wiederholung
māter, mātrĭs f. Mutter
sŭus, a, um sein, ihr – reflexives Possessiv-Pronomen. 3. Person
dōnŭm, dōnī n. Geschenk
nōndum noch nicht
sōl, sōlĭs m. Sonne
ŏccĭdĕre, óccĭdō untergehen (Kompositum von **cădĕrĕ** fallen – zufällig heißt die **3. Pers. Sg. im Perfekt** auch **óccĭdĭt** wie im Präsens)
cŭstōs, cŭstōdĭs m. f. Wächter, Wächterin
mĕmŏrĭă, ae f. Gedächtnis, Erinnerung
ăgĕrĕ, ăgō tun, treiben
spléndĭdŭs, a, um glänzend, Komparativ: **splendídĭŏr m., f., splendídĭŭs n.**
lĕvĭs, lĕvĭs, lĕvĕ leicht – Kompar. **lĕvĭŏr, lĕvĭŭs n.** – Pl. **lĕvĭōrēs**

Pensum vīcēsĭmum

Nĭhĭl nŏvī sŭb sōlĕ. *Nichts Neues unter der Sonne.*
(AT, Kohelet 1, 9)

Ex ŏrĭéntĕ lūx, ex ŏccĭdéntĕ lēx. *Aus dem Osten (kommt) das Licht, aus dem Westen das Gesetz.*
(Mittelalterliche Sprachspielerei mit ähnlichen Wörtern! Bei Hans Walther Nr. 8315.)

Stultōrŭm īnfīnītŭs est nŭmĕrŭs. *Die Zahl der Dummen ist unbegrenzt.*
(Kohelet 1, 15)

Nĕque hăbĕt plūs sapiéntiae quam lăpĭs. *Und er hat nicht mehr Verstand als ein Stein.*
(Plautus, Miles gloriosus 236)

Mĭttĕ lĕvēs spēs et cĕrtámĭnă dīvĭtĭārŭm. *Gib die leichtfertigen Hoffnungen auf und die Kämpfe um Reichtum.*
(Horaz, Epist. 1, 5, 8)

Iniūrĭārum rĕmĕdĭŭm est ŏblīvĭō. *Das Heilmittel für Beleidigungen ist das Vergessen.*
(Publilius Syrus, Sent. I 21)

Captātio bĕnĕvŏléntiae. *Das Werben um Wohlwollen.*
(Nicht antik, meint z. B. Schmeicheleien am Anfang einer Rede.)

nŏvus, a, um neu
sŭb mit. Abl. unter
sōl, solis m. Sonne
ex oder **ē mit Abl.** aus
ŏrĭēns, ŏrĭĕntĭs m. Osten – eigentlich ein **Partizip Präs.:** ***aufgehend***
sōl ŏrĭēns ist *die aufgehende Sonne, der Osten, das Morgenland, der Orient,* **(sōl) ŏccĭdēns** die *untergehende Sonne, der Westen, das Abendland, der Okzident.*

lūx, lūcĭs f. Licht
lēx, lēgĭs f. Gesetz
stultus, a, um dumm, töricht
nŭmĕrŭs, numerī m. Zahl
īnfīnītŭs, a, um unbegrenzt
neque und nicht, aber nicht
sapientia, ae f. Weisheit
lăpĭs, lápĭdĭs m. Stein
mĭttĕrĕ, mĭttō schicken, wegschicken, aufgeben
lĕvĭs, lĕvĭs, lĕvĕ leicht (von Gewicht), leichtfertig, leichtsinnig
spēs, spĕī f. Hoffnung, im Plural sind nur **Nom. und Akk. spēs** gebräuchlich
certāmĕn, certámĭnĭs n. Wettstreit, Streit
dīvĭtĭae, dīvĭtĭārŭm f. plur. Reichtum
ĭniūrĭă, iniūriae f. Unrecht, im Plural auch: Beleidigungen
rĕmĕdĭŭm, remediī n. Heilmittel
ŏblīvĭō, obliviōnĭs f. Vergessen
căptātĭō, iōnĭs f. Haschen **(căptāre!)**
bĕnĕvŏléntia, ae f. Wohlwollen, Gunst

Die Sätze oben zeigen den **Genitiv** in zwei typischen Gebrauchsweisen:

1) als **genitivus partitīvus, d. h. Teilungsgenitiv**
   bei Ausdrücken des Maßes und der Menge, z. B. **nihil, plus, numerus;**
   nihil nŏvī heißt wörtlich: ***nichts des Neuen, nichts von dem Neuen***
2) als **genitivus objectivus**, den <u>wir</u> oft **mit Hilfe von Präpositionen** übersetzen.
   Der Genitiv gibt **das <u>Objekt</u> der Handlung** an, die im Substantiv **certāmen bzw. rĕmĕdĭŭm, captatio** ausgedrückt ist: **(<u>wen oder was</u> erkämpfen, heilen, erhaschen?)**
   Von Substantiven hängen im Lateinischen **keine präpositionalen Ausdrücke** ab, wie bei uns oft, sondern **immer Genitive.**

Pensum vicēsimum prīmum

Étĭăm căpíllŭs ūnus hăbĕt umbram sŭăm. *Auch ein einziges Haar hat seinen Schatten.*
(Publilius Syrus, Sententiae E 13)

Sŭae quĭsquĕ fortūnae făbĕr est. *Jeder ist seines Glückes Schmied.*
(Sprichwort)

Sŭŭm cuīquĕ. *Jedem das Seine.*
(Cato maior bei Gellius, Noctes Atticae 13, 24, 1)

Qui ămănt, ipsī sĭbĭ sómnĭă fíngŭnt? *Die lieben, erdichten die sich selbst ihre Träume?*
(Vergil, ecl.8, 108)

Bĭs víncĭt, quī sē vincit in victōria. *Zweimal siegt, wer sich besiegt im Siege.*
(Publilius Syrus, Sententiae B 21)

Sĭbĭ quĭsque rūrī mĕtĭt. *Auf dem Lande erntet ein jeder für sich.*
(Plautus, Mostellaria 799)

Das **Reflexivpronomen** (das rückbezügliche Fürwort) bezieht sich immer **auf das Subjekt des Satzes.**
Als Personalpronomen ist es **für alle drei Genera und für Singular und Plural gleich:**
Genitiv sui – Dativ sĭbi – Akkusativ sē – Ablativ sē

Das zugehörige Possessivpronomen, das besitzanzeigende Fürwort, wird wie ein Adjektiv dekliniert. Es heißt:
sŭus, a, um sein, ihr

Das **Pronomen quisquĕ, quaeque, quidque (adj. quodque)** *jeder, jede, jedes* hängt sich gern an das Reflexivpronomen an. Es ist zusammengesetzt aus dem Pronomen **quis, quae, quid (quod)** ***wer, was*** und dem (immer angehängten) Bindewort **-quĕ** ***und, auch.*** Es heißt also wörtlich ***wer, was auch*** **...** Dekliniert wird die erste Worthälfte, das Pronomen.

Deklinationsschema:
M: quis, cuius, cui, quem, quō
F: quae, cuius, cui, quam, quā
N: quid, cuius, cui, quid, quō

etiam auch
căpíllus, capillī m. Haar
hăbēre, hăbĕō haben
umbră, umbrae f. Schatten
făbĕr, făbrī m. Schmied
ipse, a, um er, sie, es selbst – Plural **ipsi**, ae, a
somnium, i n. Traum
fingere, fingo erdichten, ausdenken – Fremdwörter *fiktiv, Fiktion*
vincĕre, vincō siegen
victōriă, victōriae f. Sieg
rūrī (Lokativ zu rus, ruris n. Land, Dorf) auf dem Lande
mĕtĕrĕ, mĕtō mähen, ernten

In der **Zeit des Humanismus** (vor 500 Jahren), als man die Antike, also Rom und Griechenland, neu entdeckte, war einigen Leuten in Deutschland ihr **Familienname Schmitt oder Schmidt oder Schmitz** nicht mehr vornehm genug. Wie nannten sie sich als Gebildete? –
Bei **Schmitz** hörte das grammatisch gebildete Ohr sogar den **Genitiv** heraus und übersetzte mit **Fabri, Fabry.**
Entsprechend wurde aus **Peters Petri**, aus **Paulsen Pauli, Pauly**, aus **Albers Alberti,** aus **Mertens Martini** und so fort.
Auch andere Handwerkernamen bekamen gelegentlich eine lateinische Form. Aus **Weber** wurde **Textor**, aus **Müller Molitor**, aus **Bäcker (Becker) Pistor** oder **Pistorius.**

Pensum vīcēsĭmum áltĕrum

In nōmĭne pătrĭs et fīlĭī et spīrĭtūs sancti.	*Im Namen des Vaters und des Sohnes und des heiligen Geistes.*
Glōriă pătrī et fīliō et spīrítŭī sanctō.	*Ehre sei dem Vater und dem Sohn und dem heiligen Geiste!* (Christliche Gruß- und Segensformeln)
Vĕnī, sanctĕ spīritus, et ēmitte caelitus lūcĭs tuae rădium.	*Komm, heiliger Geist, und schicke vom Himmel herab den Strahl deines Lichtes.* (Missale Romanum, Pfingst-Sequenz)
Vĕnī creātor spīritus, mentēs tuōrum vīsĭtā.	*Komm, Schöpfer Geist, besuche die Herzen der Deinen.* (mittelalterl. gregorianischer Hymnus, Hrabanus Maurus zugeschrieben)
Chrīstĕ, audī nōs! Chrīstĕ, exaudī nōs! Sanctă Maríă, ōrā prō nōbīs! Sanctĕ Pĕtrĕ, ora pro nobis! Sancte Maurītī, ora pro nobis! Sancte Lūcā, ora pro nobis! Omnēs sanctī et sanctae dĕī, ōrāte …	*Christus, höre uns! Christus, erhöre uns! Heilige Maria, bitte für uns! Heiliger Petrus, bitte für uns! Heiliger Mauritius, bitte für uns! Heiliger Lukas, bitte für uns! Alle Heiligen Gottes, bittet für uns!* (aus der Allerheiligen-Litanei der röm. Kirche)

Die beiden Segensformeln zeigen die **Genitive** und **Dative** von Substantiven dreier Deklinationen! **spiritus sanctus** erfordert die Beachtung der **Kongruenz.**

nōmen, nōmĭnĭs n. Name – **Abl. nōmĭnĕ**
păter, pătrĭs m. Vater – Dativ **pătrī** (konsonantische Deklination)
fīlius, fīliī m. Sohn – Dativ **fīliō** (ō-Deklination)
spīrĭtŭs, spīrĭtūs m. Geist – Dativ **spīrítŭī** (ū-Deklination)
sanctus, a, um heilig

ēmĭttĕre, ēmíttō herausschicken, aussenden
caelĭtŭs Adverb vom Himmel **(caelum)**
rădĭŭs, i m. Strahl
creātor, ōrĭs m. Schöpfer
mēns, mĕntĭs f. Sinn, Geist, Herz
visitāre, vísĭtō besuchen
tŭŭs, a, um dein (Possessivpronomen der 2. Pers.)
tui, tuōrum m. pl. die Deinen
ex-audīre, exaudĭō erhören
nōs Personalpronomen wir, **Akk. nōs** uns, **Dativ und Abl. nōbīs**

Der **Vokativ ist der Ruf- oder Anredekasus.** Er stimmt im Allgemeinen mit dem Nominativ überein (siehe **plaudite, cives** in P. 9!). An den Pluralen und an weiblichen Namen sieht man das gut.

Ausnahme: Die Wörter der **ō-Deklination**, die im Nominativ **auf -us** ausgehen. Dort hat der Vokativ die Endung **-ĕ.**
(Ausnahme: **dĕŭs** im Kirchenlatein.)
Bei Wörtern und Namen, die auf **-ĭŭs** enden, hat der Vokativ ein **einfaches ī** als Endung, z. B. **sanctĕ Maurītī** *hl. Mauritius*, **sanctĕ Gregōrī** *hl. Gregorius.*
mī fīlī lautet der Vokativ zum Nominativ **mĕŭs filius** *mein Sohn.*
Griechische Namen wie **Lūcās, Andrēās** enden **im Vokativ** auf **a.**

Pensum vīcēsĭmum tertium

Nōn schŏlae, sĕd vītae dĭscĭmus.	*Nicht für die Schule, sondern für das Leben lernen wir.* (nach Seneca, ep.morales 106, 12)
Lĭbénter ĕă, quae vŏlŭmus, crēdĭmus.	*Gern glauben wir das, was wir wollen.* (nach Caesar B.G. 3, 18, 6)
Făcĭlĭŭs cădĭmus quam rĕsŭrgĭmŭs.	*Wir fallen leichter als wir wieder aufstehen.* (Sprichwort)
Hanc vĕnĭăm pĕtĭmŭs dămúsquĕ vĭcĭssĭm.	*Diese Nachsicht erbitten und geben wir wechselseitig.* (Horaz, Ars poetica 11)
Certă míttĭmŭs, dum incértă pétĭmŭs.	*Sicheres lassen wir laufen, während wir Unsicheres anstreben.* (Plautus, Pseudolus 685)
Făcĭlĕ omnēs, cum valēmus, rĕctă consĭliă aegrōtīs dămŭs.	*Leicht geben wir alle, wenn wir gesund sind, Kranken richtige Ratschläge.* (Terenz, Andria 309)
Prō medicină est dŏlŏr, dolōrem qui nĕcat.	*Wie Medizin ist der Schmerz, der den Schmerz tötet.* (Publilius Syrus, Sent. P 14)
Mĕtus rĕspĭcĕre nōn sŏlet, quidquid iŭvat.	*Die Furcht pflegt nicht zu berücksichtigen, was hilft.* (Publilius Syrus, Sent. M 36)

Die erste Sentenz oben geht auf einen Gedanken des römischen Philosophen **Seneca (4 v. Chr. – 65 n. Chr.)** zurück, der in einer seiner **epistulae** (Briefe) bitter feststellt: **non vitae, sed scholae discimus, *nicht für das Leben, sondern für die Schule lernen wir.***
Spätere Generationen haben den Satz ins Positive gewendet, so wie er uns heute geläufig ist.

Die **Personalendung -mŭs** bezeichnet die **1. Person im Plural**. Sie wird dem Stamm des Verbs angefügt, bei den Verben der konsonantischen Deklination tritt ein kurzes **i** als kleine Stütze zwischen Stamm und Endung.

schŏla, schŏlae f. Schule (gesprochen s-chŏla, da griech. Wort, dessen Grundbedeutung *Muße, Frei-sein von Arbeit* ist)
sĕd aber, sondern
discere, disco lernen
lĭbenter Adv. gern
ĕă, quae Neutr. Plural die Dinge, die = das, was (Vgl. multa, omnia, vera!)
vĕlle, vŏlō wollen (unregelmäßiges Verb)
crēdĕrĕ, crēdō glauben
făcĭlĭŭs Adverb (Komparativ) leichter – **quam** als
cădĕrĕ, cădō fallen
rĕsŭrgĕrĕ, resurgō wieder aufstehen
hĭc, haec, hoc Pronomen dieser, diese, dies – **Akk. hunc, hanc, hoc**
pĕtĕrĕ, pĕtō bitten, erstreben
vicíssim Adverb wechselseitig
certus, a, um sicher – **incertus, a, um** unsicher
mittĕrĕ, mittō schicken, wegschicken
dum Konj. während
cum Konj. wenn (immer wenn)
rectus, a, um richtig
cōnsĭlĭum, ī n. Rat, Ratschlag
aegrōtus, a, um krank
prō mit Abl. für, anstelle von, wie
medicīna, ae f. Arznei, Medizin
dŏlor, ris m. Schmerz
nĕcāre, necō töten
mĕtus, ūs m. Furcht
rĕspĭcĕre, respicio zurückblicken, berücksichtigen, *respektieren*
sŏlēre, soleo etw. zu tun pflegen
quidquid n. verallgemeinerndes Pronomen: alles, was
iŭvāre, iuvō helfen

Pensum vicēsimum quartum

Dŏmĭnĕ, quō vādĭs? *Herr, wohin gehst du?*

Beāti ocŭlī, quī vĭdent, quae vōs vĭdētis. *Glücklich die Augen, die sehen, was ihr seht.* (Luc. 10, 23)

Vōs estis sāl terrae. *Ihr seid das Salz der Erde.* (Matth. 5, 13)

Quis tū hŏmō ēs? *Wer bist du, Mensch?* (Plautus, Trinummus 970 et al.)

In scirpō nōdŭm quaerĭs. *Du suchst den Knoten in der Binse.* (Plautus, Menaechmi 247)

Elephantum ē muscā făcĭs. *Du machst aus der Fliege einen Elefanten.* (Sprichwort)

Sī săpĭs, quod scīs, nĕscīs. *Wenn du gescheit bist, weißt du nicht, was du weißt.* (Terenz, Eunuchus 721 f./Rat einer Sklavin an eine andere)

Haud stultē sapis. *Du bist auf eine nicht dumme Weise gescheit.* (Terenz, Heautontimoroumenos 323)

Făcĭs dē necessitāte virtūtem. *Du machst aus der Not eine Tugend.* (Hieronymus, Adversus Rufinum 3, 2)

Domine, quō vādĭs? ist heute noch der Name einer kleinen Kirche an der Via Appia in Rom. – Der Legende nach wollte Petrus, da ihm Gefahr für Leib und Leben drohte, aus Rom fliehen. Als er die Stadt an der Porta Appia verlassen hatte, begegnete ihm Jesus, der auf dem Weg in die Stadt hinein war. Domine, quo vadis? fragte Petrus bestürzt und erhielt die Antwort: „Ich gehe nach Rom, um mich kreuzigen zu lassen." (Acta apostolorum apocrypha.)

Von den **sechs** an der Endung erkennbaren **Personen-Formen**, die das Lateinische in jeder Zeitstufe unterscheidet, sind uns vier schon geläufig:
die 1. Person, die sprechende (Einzahl und Mehrzahl) und
die 3. Person, von der man spricht (Einzahl und Mehrzahl).

Die 2. Person, die angeredete, hat die **Personal-Endungen -s für den Singular und -tis für den Plural.**

Das -s als Endung der **2. Person Singular** ist bis heute z. B. im geschriebenen Französisch durchgängig erhalten, auch wenn es nicht mehr gesprochen wird.
Es wäre auch (als Gemeinsamkeit aus den indogermanischen Wurzeln) in unserer Sprache noch gut erkennbar, wenn sich nicht aus den Umkehrformen *(bistu, hastu, gibstu, kannstu)* ein **-t** am Schluss eingemogelt hätte.

quō Adv. wohin? – **vādĕre, vādō** gehen
bĕātus, a, um glücklich
oculus, i m. Auge
vĭdēre, vĭdĕō sehen
sāl, sālĭs m. Salz
vōs ihr (Nominativ) Personalpron. der 2. Pers. Plur./Sing. **tu** du
quae Relativpron. **Neutr. Plural:** die Dinge, die; was – **Sing. quod** was
scirpus, scirpī m. Binse
nōdus, nōdī m. Knoten
quaerĕrĕ, quaerō suchen
ĕlĕphăntŭs, i m. Elefant
mŭscă, ae f. Fliege
sī Konjunktion: wenn
săpĕrĕ, săpĭō schmecken, verständig sein, richtig denken
scīrĕ, scĭō wissen
nĕscīrĕ, nĕscĭō nicht wissen
stultē Adverb töricht, dumm
necessitās, tatis f. Notwendigkeit
virtus, tūtis f. Tugend

Pensum vicēsimum quintum

Cōgĭtō, ĕrgō sŭm.

Ich denke, also bin ich.
(René Descartes, Principia philosophiae 4)

Hŏmĭnēs sŭmŭs, nōn dĕī.

Menschen sind wir, nicht Götter.
(Petron, 75, 1)

Nēmō pŏtĕst persōnam dĭū ferre.

Niemand kann lange eine Maske tragen.
(Seneca, de clementia 1, 1, 6)

Hērēdĭs flētus sub persōnā rīsus est.

Das Weinen des Erben ist unter einer Maske Lachen.
(Publilius Syrus, Sententiae H 19)

Nōn ómnia pŏssŭmŭs omnēs.

Nicht alles können wir alle.
(Vergil, Eclogen 8, 63)

Númquăm est fidēlĭs
cum pŏténtĕ sŏcíĕtās.

Niemals ist verlässlich das Bündnis mit einem Mächtigen.
(Phaedrus, Fabulae 1, 5, 1)

Quī ăsĭnŭm non pŏtĕst,
strātum caedit.

Wer den Esel nicht (schlagen) kann, schlägt den Sattel.
(Petron., Satyrica 45, 8)

esse *sein* lernen wir in den Personenformen **sŭm** *ich bin* und **sŭmŭs** *wir sind* kennen.

posse ist entstanden aus **pŏt-esse** *mächtig sein, können*.
Das Wort **pŏtis, pŏte** ***mächtig*** ist im klassischen Latein nicht mehr sehr geläufig, aber der **Wortstamm** ist in dem Adjektiv **pŏtēns, pŏtĕntĭs** *mächtig* und den Substantiven für *Kraft und Macht* lebendig: **poténtia, potéstas, potentátus.**

25

Bei den Personen-Formen von **esse**, die mit **e**- anlauten, bleibt das Wort **pot**- gut erkennbar. Also: **pŏt-ēs, pot-est, pot-estis.**

Beim Anlaut **s**- gleicht sich das -t an das folgende s- an. Also: **póssŭm, póssumus, possunt**

cōgĭtāre, cōgĭtō denken
ergo also
nēmō (aus ne-homo) kein Mensch, niemand
dĭū Adverb lange
persōna, persōnae f. Maske (etruskisches Fremdwort)
ferre, fĕrō tragen
hērēs, hērēdĭs m. und f. Erbe
flētus, ūs m. Weinen
rīsŭs, ūs m. Lachen
sub Präp. mit Ablativ unter
fĭdēlĭs, fĭdēlĭs, fĭdēlĕ treu, zuverlässig
sŏcĭĕtās, tātĭs f. Gemeinschaft, Vereinigung
ăsĭnŭs, i m. Esel
caedĕrĕ, caedo schlagen, prügeln
strātum, i n. Decke, Sattel

Dass das Wort **PERSONA** ursprünglich ***Maske*** bedeutet, ist sicher eine Überraschung. Aber man muss wissen, dass der Schauspieler bei den Griechen und den Römern seine Rolle immer mit einer Maske spielte. Die Maske stellte die Rolle, den Charakter, die Person dar, die er verkörperte. Von daher hat das Wort schon im Lateinischen die Bedeutung ***Person, Persönlichkeit*** angenommen, wie sie uns geläufig ist.

Pensum vicēsimum sextum

In nĕcĕssāriīs ūnĭtās,
in dubiīs lībértās,
in ómnibus cārĭtās.

In den notwendigen (Dingen) Einheit,
in den zweifelhaften Freiheit,
in allen Liebe.

(Paraenesis votiva pro pace Ecclesiae.
Ad Theologos Augustanae Confessionis, um 1630)

Fórtiter in rē,
suāviter in mŏdō.

Fest in der Sache,
verbindlich in der Form.

(Claudio Aquaviva (1543 - 1615), Jesuitengeneral)

Est mŏdŭs in rēbus, sunt certī dēnĭquĕ fīnēs.

Es liegt ein Maß in den Dingen,
es gibt endlich bestimmte Grenzen.

(Horaz, Sermones 1, 1, 106)

Mĕdĭā in vītā in mortĕ sŭmŭs.

Mitten im Leben sind wir im Tode.
Mitten wir im Leben sind/mit
dem Tod umfangen.

(Martin Luther)
(Anfangsvers einer seit dem 11. Jh. bekannten Strophe.)

In mĕdĭās rēs auditōrĕm răpĭt.

Er reißt den Zuhörer mitten
in die Geschehnisse hinein.

(Horaz, Epist. ad Pisones 148 über Homer)

Crēdō in ūnŭm dĕŭm,
pătrĕm ŏmnĭpŏténtĕm.

Ich glaube an den einen Gott,
den allmächtigen Vater.

(Anfang des Glaubensbekenntnisses der Messe.)

In tyránnōs!

Gegen die Tyrannen!

(Motto von Schillers Trauerspiel „Die Räuber")

Die Texte auf dieser Seite zeigen uns **die Präposition <u>in</u>** in ihren beiden Funktionen auf die Fragen **Wo?** (mit dem Ablativ) oder **Wohin?** (mit dem Akkusativ).

Die erste der Sentenzen oben ist weder altrömisch noch frühchristlich, wie man denken möchte, sondern erst bei einem theologischen Autor des 17. Jahrhunderts formuliert worden.
Aus dem lateinischen Wort **cāritās** *der hohe Preis, die Wertschätzung, die Hochachtung* ist schon früh als Übersetzung des griechischen Wortes agápē im Neuen Testament ein zentraler christlicher Begriff geworden.
CARITAS als Gottes- und Menschenliebe bildet mit dem Glauben – **FIDES** – und der Hoffnung – **SPES** – das Dreigestirn der höchsten christlichen Werte.

nĕcĕssārius, a, um notwendig
ūnitās, unitātĭs f. Einheit
dŭbĭŭs, a, um zweifelhaft
lībertās, lībertātĭs f. Freiheit
cārĭtās, cārĭtātĭs f. Wertschätzung, Hochachtung, christlich: Liebe
fŏrtĭtĕr Adverb zu **fortis, fortis, forte** stark, tüchtig, tapfer
sŭāvĭtĕr Adberb zu **suāvis, suavis, suave** süß, mild
mŏdŭs, mŏdī m. Maß, Art und Weise
dēnique Adv. schließlich, endlich
fīnis, is m. Ende, Grenze
mĕdĭŭs, a, um der mittlere/**mediă vītă** das Leben in seiner Mitte, die Mitte des Lebens – bei **mĕdĭŭs** stehen Präpositionen gern **zwischen Adjektiv und Substantiv**
mors, mŏrtĭs f. Tod
in mit dem Akk. in Richtung auf etwas, an, gegen
audītŏr, audītōrĭs m. Zuhörer, Hörer
răpĕrĕ, răpĭō reißen, mitreißen
crēdĕrĕ, crēdō glauben
ŏmnĭpŏtēns m., f., n., omnipoténtĭs allmächtig

Pensum vicēsimum séptimum

Aurĭbŭs lŭpŭm tĕnĕō. *Ich halte einen Wolf bei den Ohren.*
(Redensart, z. B. bei Terenz, Phormio 506; Sinn: ich bin unabkömmlich.)

Verbă rēbus prŏbā! *Mach deine Worte durch Taten glaubhaft!*
(Seneca, epistulae morales 20, 1)

… mĕā culpā, mĕā culpā,
mĕā máximā culpā …
Durch meine Schuld, durch meine Schuld,
durch meine übergroße Schuld.
(Missale Romanum, Confiteor der Messe)

Vīrĭbŭs ūnītīs. *Mit vereinten Kräften.*
(Wahlspruch des österreichischen Kaisers Franz Josef I.)

Nec laudibus nec timōre. *Weder durch Lobreden noch durch Furcht.*
(Wappenspruch von Clemens August Graf von Galen (1878 – 1946), von 1933 – 1946 Bischof von Münster, Kardinal)

Vincĕ omnem, mīlĕs,
virtūte labōrem.
Besiege alle Mühsal, Soldat,
durch Tapferkeit.
(Silius Italicus, Punica 12, 511; Worte Hannibals an sein Heer)

Nātură est paucīs contentă. *Die Natur ist mit wenigen Dingen zufrieden.*
(Sprichw. in Anlehnung an Seneca)

Omnēs aequō ănĭmō pārĕnt, ŭbī iustī ímpĕrănt.
Alle gehorchen mit Gleichmut,
wo Gerechte befehlen.
(Publilius Syrus, Sent. O 6)

Spĕm retinē, spēs ūnă hómĭnĕm
nĕc morte rĕlínquit.
Halte die Hoffnung fest!
Die Hoffnung allein verlässt den
Menschen auch im Tode nicht.
(Disticha Catonis 2, 25, 2)

Der Ablativ ohne eine Präposition findet eine seiner häufigsten Verwendungen als sog. **Ablativus instrumenti** oder Instrumentalis. Er antwortet auf die Frage „womit, wodurch?“
Der **Ablativus modi** (der Art und Weise) ist ihm zuzuordnen (aequo animo).
Der **Ablativus temporis** (der Zeit) antwortet auf die Frage „wann?“ (morte)

tĕnērĕ, tĕnĕō halten
probāre, probō beweisen, glaubhaft machen
culpa, ae f. Schuld
vīrēs, vīrium f. Plur. Kräfte
ūnīre, ūnĭō (nachklassisches Wort) vereinigen
ūnītus, a, um vereinigt (Partizip Perfekt)
nec – nec weder – noch
laus, laudis f. Lob, Lobspruch
timor, timōris m. Furcht
vincĕre, vincō siegen, besiegen
mīlĕs, mīlĭtĭs m. Soldat
virtūs, tūtĭs f. Tapferkeit, Mannhaftigkeit
paucī, ae, ă wenige
conténtus, a, um zufrieden
aequus, a, um gleich, gerecht
aequus ănĭmŭs Gleichmut
iustus, a, um gerecht
pārēre, pārĕō erscheinen, sich zeigen; gehorchen
imperāre, ímpĕrō befehlen
rĕtĭnēre, rĕtínĕō zurückhalten, festhalten **(tenēre!)**
nĕc (neque) und nicht, auch nicht, nicht einmal
mors, mortĭs f. Tod
rĕlĭnquĕre, relínquō zurücklassen, verlassen

Pensum duodētrīcēsimum

CITIUS/ALTIUS/FORTIUS *Schneller, höher, stärker.*

(Im 20. Jahrhundert aufgekommenes **Olympia-Motto,** geprägt von Pierre de Coubertin nach einem Ausspruch des Père Henri Didon, Prior des Collège d'Arceuil.)

Bŏnus intrā, mĕlior exī! *Als Guter tritt ein, als Besserer geh hinaus!*

(Tempelinschrift)

Ā bŏvĕ māiōrĕ dĭscit ărāre mĭnŏr. *Vom älteren Ochsen lernt der jüngere pflügen.*

(Spruch aus dem Mittelalter)

Pēiōra iŭvĕnēs fácĭlĕ praecéptă audiunt. *Schlechtere Vorschläge hören junge Leute leicht.*

(Seneca, Thyestes 309)

Linguă mălī pars péssĭmă servī. *Die Zunge ist der übelste Teil eines schlechten Sklaven.*

(Juvenal, Sat.9, 121)

Dā lŏcŭm mĕlĭōrĭbŭs! *Mach Besseren Platz!*

(Terenz, Phormio 522)

Der Komparativ wird gebildet, indem -ior m., f., -ius n. an den Wortstock tritt. Er wird nach der konsonant. Deklination dekliniert.
citus, a, um schnell – citior, citius
altus, a, um hoch – altior, altius
fortis, is, e stark, tapfer – fortior, fortius
Als Adverb dient im Komparativ immer die Form des Neutrums, die auf -ius ausgeht.

Die Superlative dieser drei Adjektive werden mit der üblichen Endung -issimus, a, um gebildet. Das Adverb hat die Endung -ē.
Es gibt auch Superlative auf -rimus (pulcherrimus, a, um) und auf -limus (facillimus, a, um).

Einige Adjektive bilden die Steigerungsformen Komparativ und Superlativ mit verschiedenen Stämmen, z. B.:

bŏnus gut	**mĕlĭŏr, -ius,**	**óptĭmŭs, a, um**
mălŭs schlecht	**pēior, -ius,**	**péssĭmus, a, um**
măgnŭs groß	**māiŏr, -ius,**	**máxĭmŭs, a, um**
parvus klein	**mĭnŏr, -us,**	**mínĭmŭs, a, um**

Zur Bezeichnung der Altersverhältnisse zwischen Personen wurden im Lateinischen die Komparative **māiŏr und mĭnŏr** gebraucht, evtl. mit dem Zusatz **nātū** (Abl.) *in bezug auf die Geburt.*
Der *ältere* Cato heißt **Cătō māiŏr;** der *jüngere* M. Porcius Scipio Africanus (Sieger über Karthago in Afrika) heißt **Africānus mĭnŏr** im Gegensatz zu seinem Großvater **Africanus maior.**
māiōrēs, māiōrŭm m. plur. sind *die Vorfahren*

intrāre, intrō eintreten
exīre, exĕō herausgehen, hinausgehen
Hier ist nicht das Eintreten bzw. das Hinausgehen *gut/besser*, sondern der Mensch, der eintritt, ist gut. Man nennt diesen Gebrauch des Adjektivs deshalb **prädikativ.**
bōs, bŏvĭs m. Ochse, Rind
dĭscĕrĕ, dĭscō lernen
ărārĕ, ărō pflügen
praecéptum, i n. Vorschrift, Lehre
iŭvĕnĭs, is m. junger Mann
lingua, ae f. Zunge, Sprache
pars, partis f. Teil
servus, i m. Sklave
lŏcus, ī m. Ort, Stelle, Platz
lŏcŭm dărĕ, dō Platz machen (geben)

Pensum ūndētrīcēsimum

Sĕnĭōrēs prĭōrēs. *Die Älteren zuerst.*
(Sprichwort, nicht antik, bei H. Walther 28014.)

Discípŭlŭs est prĭōris postĕrior dies. *Schüler des früheren ist der spätere Tag.*
(Publilius Syrus, Sent. D 1)

Ultĭmă latet. *Die letzte (Stunde) ist verborgen.*
(Oft als Spruch auf einer Uhr)

Infĕrĭŏr rĕscit, quicquid pĕccăt sŭpĕrĭŏr. *Der Niedrigere weiß, was immer der Höherstehende sündigt.*
(Publilius Syrus, Sent. I 1)

Posteriōrēs ĕnĭm cōgĭtātĭōnēs, ut aiunt, săpĭĕntĭōrēs esse sŏlĕnt. *Die späteren Überlegungen pflegen nämlich, wie man sagt, die weiseren zu sein.*
(Cicero, orat. Phil.12, 5)

Extrēmă sunt vĭtĭōsă. *Extreme sind schädlich.*
(Sprichwort)

Intrā fortūnam dēbĕt quisque mănērĕ sŭăm. *Innerhalb seiner Gegebenheiten muss jeder bleiben.*
(Ovid, Tristia 3, 4, 25f.)

Die Nomina **sĕnĕx** alt, Greis und **iuvenis** jung, junger Mann kennen im Lateinischen einen Komparativ: **senior, iunior.**
Bei uns kennt und gebraucht heute jeder die Komparative **sĕnĭŏr und iūnĭŏr:** *unser Senior, das Seniorenheim, der Junior, der Juniorchef* usw. Das Wort ***Senioren*** ist im letzten Drittel des 20. Jahrhunderts zu dem durchgängig gebrauchten Begriff für die Menschen geworden, die man bis dahin ***die Alten*** nannte.

In den romanischen Sprachen hat **sĕnĭŏr** von jeher die Wörter bereitgestellt, mit denen der Herr und die Dame angeredet werden: span. señor, señora, ital. signore, signora, frz. mon-sieur, seigneur, Sire (der König), engl. sir.
Im Lateinischen wurden die Komparative **sĕnĭŏr** und **iūnĭŏr** speziell auch militärisch auf die waffenfähigen Männer bezogen. **iūniōrēs** waren die Männer vom 17. bis zum vollendeten 45. Lebensjahr, **seniorēs** die 45- bis 60-jährigen, die nur im Notfall noch herangezogen wurden.

Bei einigen Komparativen und Superlativen fehlt im Lat. eine Grundform (Positiv). Sie werden von Orts- oder Zeitadverbien (die auch Präpositionen sind) abgeleitet, z. B.

prae vor	**prĭŏr, prĭŭs** der frühere	**prīmus, a, um** der erste
post nach	**postérior, ius** der spätere	**postrēmus, a, um** der letzte
infrā unterhalb	**inférior, ius** der niedrigere	**ínfĭmus, a, um** der unterste
suprā oberhalb	**supérior, ius** der höhere	**suprēmus, a, um** der höchste
ultrā jenseits	**ultérior, ius** entfernter	**últĭmus, a, um** der letzte
extrā außerhalb	**extérior, ius** der äußere	**extrēmus, a, um** der äußerste
intrā innerhalb	**intérior, ius** der innere	**íntĭmus, a, um** der innerste

Sowohl die Komparative wie auch die Superlative sind uns z.T. als Fremdwörter bekannt.

dĭscĭpŭlŭs, ī m. Schüler
lătērĕ, latĕō verborgen sein
rescīrĕ, rescio = scīre, scio wissen
cogitātio, ōnĭs f. Gedanke, Überlegung
aiunt sie sagen = man sagt
solērĕ, sŏlĕō (zu tun) pflegen
vitiōsus, a, um fehlerhaft, schädlich
fortūna, ae f. Glück, Schicksal, Lebensverhältnisse, Umstände, Gegebenheiten
dēbēre, dēbĕō müssen
mănēre, mănĕō bleiben

Pensum trīcēsimum

Văcārĕ culpā magnum est sōlācium. *Von Schuld frei zu sein ist ein großer Trost.*
(Cicero, ad familiares 7, 3, 4)

Multīs ĕgĕt, quī multă hăbĕt. *Viele Dinge hat nötig, wer vieles hat.*
(nach Gellius, Noctes Atticae 9, 8, 1)

Morte carent animae. *Vom Tode frei sind die Seelen.*
(Ovid, Metamorphosen 15, 158)

Bŏnă ŏpīnĭō hŏmĭnŭm tūtĭŏr pĕcūnĭă est. *Die gute Meinung derMenschen ist sicherer als Geld.*
(Publilius Syrus, Sententae B 19)

Nīl mĕlĭŭs mŭlíĕrĕ bŏnā,
nīl quam mălă pēiŭs. *Nichts ist besser als eine gute Frau, nichts schlimmer als eine schlechte.*
(Petrus Abelardus, Monita ad Astrolabium 175)

Nihil lăcrĭmā cĭtĭŭs aréscit. *Nichts trocknet schneller als die Träne.*
(Cicero, Partitiones oratoriae 57)

Mallĕŭs mănŭbrĭō săpĭéntĭŏr. *Der Hammer ist klüger als der Stiel.*
(Plautus, Epidicus 524f.)

Tŭnĭcă prŏpĭŏr palliō est. *Die Tunika ist näher als der Mantel.*
(Plautus, Trinummus 1154)

O mātrĕ pulchrā fīlĭă púlchrĭŏr. *O Tochter, schöner als die schöne Mutter!*
(Horaz, carm. 1, 16, 1)

Der **Ablativ als Separativus**, d. h. Kasus der Trennung, tritt bei Verben auf wie
văcāre, văcō frei sein (von)
ĕgēre, ĕgĕō Mangel an etw. haben, bedürfen, etw. nötig haben
cărēre, cărĕō frei sein von, nicht haben

Der **Ablativus comparationis** (des Vergleichs) hat die gleiche Bedeutung wie quam mit einem Nominativ oder Akkusativ. Er erkärt sich als eine Art Separativ: Vom Mantel her gesehen ist die Tunika näher.

sōlācium, ii n. Trost
nil = nihil nichts
múlier, mŭlíĕrĭs f. Frau
opiniō, opiniōnĭs f. Meinung
tūtus, a, um sicher
pĕcūnia, ae f. Geld
lăcrĭmă, ae f. Träne
arescĕrĕ, aréscō trocken werden, trocknen
málleus, ī m. Hammer
mănŭbrĭŭm, ī n. (mănŭs!) Griff, Stiel
tŭnĭcă, ae f. Unterkleid
pallium, ī n. Mantel
prŏpĭŏr, propius näher – Komparativ. zu **prope** (Präposition) nahe bei – der Superlativ heißt **próxĭmŭs, a, um** der (die, das) nächste
pulchĕr, pulchră, pulchrŭm schön (Maskulinum auf **-ĕr** wie puer, magister)
mātĕr, mātrĭs f. Mutter

Pensum trīcēsĭmum primum

Saepe tăcēns vōcĕm verbăque vŭltŭs hăbĕt. *Oft hat eine schweigende Miene Stimme und Worte.*

(Ovid, Ars am. 1, 574)

Nullus ăgĕntī dĭēs longus est. *Kein Tag ist einem Tätigen lang.*

(Seneca, ep. mor. 122, 3)

Multă pĕtĕntĭbŭs dēsunt multă. *Denen, die viel wünschen, fehlt vieles.*

(Horaz, carm. 3, 16, 42 f.)

Quidquid id est, tĭmĕō Dănăōs et dōnă fĕrĕntīs.

Was immer es ist, ich fürchte die Danaer, auch wenn sie Geschenke bringen.

(Vergil, Aeneis 2, 49)

Der Priester Laokoon warnt die Trojaner vor dem hölzernen Pferd, das die Griechen (Danaer) ihnen vor das Stadttor gestellt haben.

Dūcŭnt vŏléntĕm fātă,
nōléntĕm trāhŭnt.

Den Willigen führen die Schicksale,
den, der nicht will, schleppen sie mit.

(Seneca, ep. morales 107, 11 zitiert e. griech. Philosophen)

Áccĭpĕ! sūmĕ! căpĕ!
sunt verbă placéntĭă cuīque.

Greif zu, nimm, nimm!
sind Worte, die jedem gefallen.

(Mittelalterl. Basler Handschr. BA 237 v – bei Werner-Flury)

Sērō vĕnĭéntibus ossă. *Für die zu spät Kommenden die Knochen.*

(mittelalterl. Spruch)

In lateinischen Texten spielen **Partizipien** eine weit größere Rolle als in unserer Sprache. Gelegentlich verwenden wir auch im Deutschen zwanglos das **Part. Präs.** als Attribut, wie es der erste Text zeigt und wie es schon öfter vorgekommen ist.

In den weiteren Texten weichen wir schon auf andere Möglichkeiten aus. **ăgĕntī** ***einem Handelnden*** heißt bei uns eher: ***einem, der handelt.*** Eventuell bietet sich ein Nomen an wie hier: ***einem Tätigen.***

Das lateinische Partizip hat, wie sein Name (teilhabend) sagt, sich als nominale Form gleichzeitig die Möglichkeit erhalten, alles zu können, was das Verb kann, also: **Objekte** bei sich zu haben und auch **Adverbien**. Das geht im Lateinischen leicht und elegant von der Hand, für uns ist eine wörtliche Übersetzung allerhöchstens eine Hilfskonstruktion für das Verstehen.

Im 3. und 4. Text oben hat das Partizip jeweils ein Akkusativobjekt bei sich.
Als Übersetzung bieten sich Nebensätze an.
multă pĕtĕntēs *viele Dinge wünschende* sind ***die, die viele Dinge wünschen*** –, **Dănăī et dōnă fĕrĕntēs** ***auch Geschenke bringende Danaer*** sind im Deutschen ***Danaer, auch wenn sie Geschenke bringen.***

vultŭs, ūs m. Blick, Miene
ăgĕrĕ, ăgō handeln, tun, treiben
petĕrĕ, pĕtō erstreben, wünschen
id dieses, es – Neutrum des Demonstrativpronomens **is, ea, id**
Danăī, Dănăōrum m. = Graeci, Graecōrum die Griechen
et = **etiam** auch
fĕrĕntīs Akk. Plural, von Vergil bevorzugte Form statt **fĕrĕntēs**
vŏlēns wollend (Part. Präs. von **velle**) – **nōlēns** nicht wollend (Part. Präs. von **nolle)**
trăhĕrĕ, trăhō ziehen, schleppen
sūmĕrĕ, sūmō nehmen, ergreifen
sērō Adv. zu spät
ŏs, ŏssĭs n. Knochen

In **Text 1**, einem Pentameter, haben wir ein Beispiel für das Stilmittel der **Alliteration** vor uns. – **Alliteration** bedeutet, dass mehrere Wörter hintereinander in einem Satz oder Vers den gleichen **Konsonanten (littera) als Anlaut** haben.

Pensum trīcēsĭmum ăltĕrum

Sī vīs amārī, amā! — *Wenn du geliebt werden willst, liebe!*
(Seneca, epist. morales 9, 6)

Mundus vult dēcĭpī. — *Die Welt will getäuscht werden.*
(Spätmittelalterlicher Spruch)

Mălum est cōnsĭlĭŭm, quod mūtārī nōn pŏtest. — *Schlecht ist der Plan, der nicht geändert werden kann.*
(Publilius Syrus, Sententiae M 54)

Nōn ĕnĭm ex omnī lĭgnō dēbĕt Mercūrius exscúlpī. — *Nicht aus jedem Holz nämlich muss ein Merkur geschnitzt werden.*
(Apuleius, Apologia 43, 4)

Fās est et ab hŏstĕ dŏcērī. — *Recht ist es, auch vom Feind Lehren anzunehmen (belehrt zu werden).*
(Ovid, Metamorphosen 4, 428)

Quī sē ipse ăccūsăt, ăccūsārī nōn pŏtĕst. — *Wer sich selbst anklagt, kann nicht angeklagt werden.*
(Publilius Syrus, Sent. Q 70)

Quod omnēs tangit, dēbet ab ómnibus approbārī. — *Was alle berührt, muss von allen gebilligt werden.*
(Papst Bonifaz VIII.)

Neben dem Aktiv (Tätigkeitsform) kennt das Lateinische wie alle indogermanischen Sprachen **das Passiv** (Leideform).
Aktiv und Passiv sind die Zustandsformen des Verbs oder Génĕră verbi (gĕnŭs n. heißt wörtlich *Geschlecht*).

Oben haben wir erstmalig den **Infinitiv Präsens des Passivs** vor uns. Während wir im Deutschen sämtliche Passivformen mit dem Hilfsverb werden und dem Partizip Perfekt bilden, hat das Lateinische sich die Fähigkeit erhalten, passives Geschehen weitgehend **durch Endungen** zu bestimmen.

Neben dem **Infinitiv Präsens Aktiv ămāre** *lieben* steht der **Infinitiv Präsens Passiv ămā-rī** *geliebt werden.* Entsprechend **docērī** *belehrt werden.*
Bei der konsonantischen Konjugation ersetzt das -ī die aktive Endung **-ĕre.**
Also:
dēcĭpĕre *täuschen,* **décĭpī** *getäuscht werden.*

ab oder **ā** mit dem Ablativ bringt die Person in die Aussage hinein, von der etwas getan wird.

vĕllĕ, vŏlō wollen – ein unregelmäßiges Verb:
vīs du willst, **vult** er, sie, es will
dēcĭpĕre, dēcĭpĭō täuschen
mălus, a, um schlecht, böse
cōnsĭlĭŭm, consílii n. Plan, Beschluss, Ratschlag
quŏd Relativpronomen Neutrum das, was (consilium)
mūtāre, mūtō verändern
enim (nachgestellt) nämlich, denn
lĭgnŭm, i n. Holz
dēbēre, dēbĕō etw. schuldig sein – sollen, müssen, dürfen
exsculpĕre, exsculpō herausmeißeln, -schnitzen – Fremdwort *Skulptur*
Mercūrius, i m. Merkur, der Götterbote, – hier eine Merkurstatue aus Holz
fās est es ist recht
et = etiam auch
hŏstĭs, is m. Feind
ipse, ipsa, ipsum (Pronomen) selbst
accūsāre, accūsō anklagen
tangere, tango berühren
approbāre, approbo billigen

Pensum trīcēsĭmum tertĭum

Prīncĭpĭīs obstā, sērō mĕdĭcīnă părātur. *Widerstehe den Anfängen, zu spät wird die Arznei bereitet.*
(Ovid, Remedia amoris 91)

Ultră pŏssĕ nēmo oblĭgātur. *Über sein Können hinaus wird niemand verpflichtet.*
(Rechtsgrundsatz Digesta 50, 17, 185)

Mĭnŭs dēcípĭtur, cuī nĕgātur cĕlérĭter. *Weniger wird enttäuscht, wem schnell nein gesagt wird.*
(Publius Syrus, Sent. M 25)

Sĭmílĭă sĭmílĭbŭs curántur. *Ähnliches wird durch Ähnliches geheilt.*
(Ursprung des Satzes nicht bekannt, gilt als Maxime der Homöopathie)

Nūtrītŭr vĕntō, ventō rĕstĭnguĭtŭr īgnĭs. *Genährt wird es durch Wind, durch Wind wird es wieder ausgelöscht, das Feuer.*
(Ovid, Remedia amoris 806)

Spīnă etiam grātă est, ex quā spectātur rŏsă. *Der Dornstrauch auch ist willkommen, an dem eine Rose erblickt wird.*
(Publilius Syrus, Sent. S 27)

Ex aurĭbŭs cōgnōscĭtŭr ăsĭnŭs. *An den Ohren wird der Esel erkannt.*
(Sprichwort)

Nōbĭlĭs ĕquus umbrā quŏquĕ virgae régĭtŭr. *Ein edles Pferd wird schon durch den Schatten der Gerte gelenkt.*
(Curtius Rufus, Historia Alexandri Magni 7, 4, 18)

Auch beim **Passiv** tritt hier zunächst die **3. Person im Singular und im Plural** auf und zwar im **Präsens Indikativ.**
Im Passiv ist die Endung der 3. Person im Singular -tur, im Plural -ntur.

prīncípium, prīncĭpĭī n. Anfang
obstāre, óbsto entgegenstehen, widerstehen
sērō Adverb spät, zu spät
mĕdĭcīna, medicīnae f. Arznei, Medizin
părāre, parō bereiten
ūltrā mit. Akk. Präposition über … hinaus
oblĭgāre, óbligō verpflichten
cuī Dativ des Relativpronomens
celeriter Adverb schnell
sĭmĭlĭs, is, e ähnlich, gleichartig — **similia n. pl.** Ähnliches
nūtrīrĕ, nūtrĭō nähren, ernähren
ventus, i m. Wind — **ignis, ignis m.** Feuer
exstínguĕrĕ, exstínguō auslöschen
spīna, ae f. Dorn, Dornstrauch — **grātus, a, um** lieb, willkommen
spectāre, specto sehen, erblicken — **rŏsa, ae f.** Rose
ē, ex mit dem Ablativ aus, aus – heraus – bei uns oft: an
auris, auris f. Ohr
cōgnōscĕrĕ, cōgnōscō erkennen
ăsĭnŭs, ăsĭnī m. Esel
nōbĭlĭs, is, e edel, adlig — **ĕquŭs, i m.** Pferd
umbra, ae f. Schatten — **quŏquĕ** (nachgestellt) auch, sogar
virga, ae f. Rute, Gerte — **rĕgĕrĕ, rĕgō** lenken, regieren

Die erste Sentenz oben ist ein bekannter **Hexameter** des römischen Dichters **Publius Ovīdius Naso (43 v. Chr. – 18 n. Chr.)**, den wir kurz **Ovíd** nennen. Auch die fünfte ist ein Hexameter.

Der Hexámeter (Sechs-Takter) ist der Vers der erzählenden Dichtung bei den Griechen und Römern.

Andere Hexameter, die wir schon kennen, sind z. B.: Quot caelum stellas, tot habet tua Roma puellas (p. 7). – Felix quem faciunt aliena pericula cautum (p. 9). – Ex igne ut fumus (p.15). Dat veniam corvis (p.17). – Simia quam similis (p. 17). – Doctrina est dulcis (p. 18). – Est modus in rebus (p. 26).

Man kann alle erst einmal wie Prosa lesen, vielleicht spürt man aber einen gewissen Rhythmus schon heraus. Immer ist ein Einschnitt, eine sogenannte **Zäsur**, in der Mitte des dritten Taktes.

Pensum trīcēsĭmum quartum

Lĕvĕ fit, quod bĕnĕ fértŭr, ŏnŭs.

Leicht wird die Last,
die gut getragen wird.
(Ovid, Amores 1, 2, 10)

Quŏd dĭffértur,
nōn aufértur.

Was aufgeschoben wird,
wird nicht aufgehoben.
Aufgeschoben ist nicht aufgehoben.
(Sprichwort)

Occāsiō aegrē offértur, făcĭlĕ āmíttĭtŭr.

Eine Gelegenheit bietet sich schwer,
sie geht leicht verloren.
(Publilius Syrus, SententiaE O 14)

Cōnsūmĭtŭr ānŭlŭs ūsū.

Es nutzt sich der Ring ab durch den Gebrauch.
(Ovid, ep. ex Ponto 4, 10, 5;
2. Hälfte des Verses Gutta cavat lapidem. p. 3.)

Numquam pĕrīcŭlŭm sĭne pĕrīcŭlō vincĭtŭr.

Niemals wird eine Gefahr
ohne Gefahr besiegt.
(Publilius Syrus, Sententiae N 7)

Părēs cum părĭbŭs
făcíllĭmē cŏngrĕgántŭr.

Gleiche schließen sich mit Gleichen
aufs leichteste zusammen.
Gleich zu gleich gesellt sich gern.
(Als altes Sprichwort zitiert bei Cicero, De senect.7)

Bei **fĕrre tragen** und seinen Komposita merkt man sich die **Präsensformen** am besten gleich als Block. Bei diesem Uralt-Verb fällt bei einigen Formen der Stützvokal weg, den die Verben mit konsonantischem Stamm-Ausgang sonst haben.

Die Formen lauten im Präsens Aktiv:

fĕrō	ich trage	**fĕrĭmŭs**	wir tragen
fĕrs	du trägst	**fĕrtĭs**	ihr tragt
fĕrt	er, sie, es trägt	**fĕrŭnt**	sie tragen

Passive Ausdrucksweisen werden in unserer Sprache gern vermieden. Schon bei der Übersetzung des zweitenTextes oben liegt es nahe, nicht die wörtliche Übersetzung für **offertur** *sie wird angeboten* und für **amittitur** *sie wird verloren* zu wählen! Dasselbe gilt für **consúmĭtŭr** und **congrĕgántŭr**. Obwohl ich mich an sich daran halte, so wörtlich wie möglich zu übersetzen, benutze ich hier für die Wiedergabe der lateinischen Passivformen die Möglichkeiten, die das Deutsche vorzieht, das sind vor allem rückbezügliche Verben.

lĕvĭs, levis, levĕ leicht
fĭĕrī, fīō werden, gemacht werden – unregelmäßiges Verb, das als Passiv zu **facere, facio** gebraucht wird
ŏnŭs, ŏnĕrĭs n. Last
dĭffĕrrĕ dífferō wörtlich: auseinandertragen; 1. aufschieben, verzögern 2. sich unterscheiden
auférre aúferō (aus **ab** und ferre) wegtragen, fortschaffen, wegnehmen
occāsĭō, occāsĭōnĭs f. Gelegenheit
aegrē Adverb mit Mühe, schwer
offérre, óffero entgegentragen, anbieten
făcĭlĕ Adverb leicht
āmittĕrĕ, āmĭttō wegschicken, verlieren
pĕrīcŭlŭm, perīculi n. Gefahr
vincĕrĕ, vincō siegen, besiegen
pār m., f., n., părĭs gleich
făcíllĭmĕ Adv. am leichtesten, sehr leicht – Superlativ zu **făcĭlĕ** leicht
cŏngrĕgārĕ, cŏngrĕgō (aus **com-** und **grĕx, grĕgĭs m.** Herde) zusammenscharen

Pensum trīcēsimum quintum

Quod imprŏbīs trĭbŭĭtŭr, ērĭpĭtŭr prŏbīs.

Was man Schlechten gibt, nimmt man Redlichen.

(Publilius Syrus, sent. Q 36)

Iūdĕx damnātŭr, ubi nŏcēns absólvĭtŭr.

Der Richter wird verurteilt, wo der Schuldige freigesprochen wird.

(Publilius Syrus, sent. I 28)

Ex ăvārĭtĭā ómnĭă scélĕră et mălĕfícĭă gīgnúntŭr.

Aus der Habgier entstehen alle Verbrechen und Übeltaten.

(Cicero, pro S. Roscio Amerino 75)

Damnă damnīs contĭnŭántŭr.

Verluste setzen sich durch Verluste fort.

(Tacitus, Agricola 41, 5)

Próspĕră omnēs sĭbĭ víndĭcănt, advérsă ūnī impŭtántŭr.

Erfolge nehmen alle für sich in Anspruch, Misserfolge werden einem einzigen zugeschrieben.

(Tacitus, Agricola 27, 1)

Contrárĭă contrárĭīs cūrántŭr.

Gegensätzliches wird durch Gegensätzliches geheilt.

(Der Gedanke wird Hippokrates zugeschrieben.)

Omnĭă mūtántur, nĭhĭl íntĕrĭt.

Alles verwandelt sich, nichts geht unter.

(Ovid, Metamorphosen 15, 165)

ímprŏbŭs, a, um böse, unredlich, schlecht
prŏbus, a, um tüchtig, gut, rechtschaffen
trĭbŭĕrĕ, trĭbŭō zuteilen, zugestehen
ērĭpĕrĕ, ērĭpĭō entreißen, wegnehmen – zum Simplex (Grundverb) **răpĕrĕ, răpĭō** rauben
iūdex, dicis m. Richter
damnāre, damnō verurteilen

nŏcēns m. f. n. schuldig
absolvĕre, absólvō loslösen, freisprechen
ăvārĭtia, avāritiae f. Habgier, Geiz
scĕlŭs, scĕlĕrĭs n. Verbrechen
mălĕfĭcĭŭm, maleficiī n. Übeltat (**mălĕ făcĕrĕ!**)
gīgnĕrĕ, gīgnō zeugen, erzeugen, hervorbringen, Passiv: hervorgebracht werden, entstehen
damnum, ī n. Schaden, Verlust
contĭnŭāre, -tinuo aneinanderreihen, verbinden
prospĕrŭs, a, um günstig
vĭndĭcāre, vindico beanspruchen
sibi für sich – Dativ des Reflexivpronomens
advérsus, a, um ungünstig, widrig
ūnus, a, um einer, eine, eins – Dativ **ūnī**
impŭtārĕ, ímpŭtō anrechnen, zuschreiben
contrārius, a, um gegenüberliegend, entgegengesetzt
mūtāre, mūtō wandeln, verwandeln
interīrĕ, intérĕō untergehen (**īre** unregelmäßiges Verb, s. p. 74!)

Die Wahl des **rückbezüglichen Verbs** ist oft die angemessene deutsche Form für ein lateinisches Passiv. So wie **mūtari** bedeuten kann: ***verändert werden*** und ***sich verändern***, heißt z. B. auch **lăvari** ***gewaschen werden*** und ***sich waschen.***
Das sind Überbleibsel eines dritten Genus verbi neben dem Aktiv und dem Passiv, das **génus mĕdium** heißt, die Aktionsart in der Mitte (zwischen Aktiv und Passiv).
Im Griechischen war das **Medium** (passive Formen, aktive Bedeutung) überaus gebräuchlich, auch in anderen indogermanischen Sprachen ist das **Medium** noch lebendig.
Irgendwann (ab pensum 101) werden wir im Lateinischen Verben kennen lernen, die überhaupt nur passive, d. h. eigentlich Medium-Formen haben und dabei eine ganz normale aktive Bedeutung.

Pensum trīcēsimum sextum

Póscĭmŭr. — *Man verlangt uns.*

(Horaz, Carm. 1, 32, 1 an seine Laute)

Nōn pŏtēs tūtus esse in ĕā cīvĭtāte, in quā timērĭs. — *Du kannst nicht sicher sein in dem Gemeinwesen, in dem du gefürchtet wirst.*

(Quintilian, decl. 288, 4)

Tūtī sunt omnēs, ūnŭs ŭbī dēféndĭtŭr. — *Sicher sind alle, wo ein einziger geschützt wird.*

(Publilius Syrus, Sent. T 5)

Dēcĭpĭmŭr spĕcĭē rectī. — *Wir werden vom Schein des Rechten getäuscht.*

(Horaz, Ars poet. 28)

Tu si animō rĕgĕrĭs,
rēx ēs, si córpŏre, servus.

*Wenn du vom Geist regiert wirst,
bist du König, wenn vom Körper, Sklave.*

(Mittelalterliche Sprachspielerei mit dem Wörtern rex und regere.)

Dēcĭpĭúntŭr ăvēs per cantūs saepe sŭāvēs. — *Es werden die Vögel oft getäuscht durch süße Laute.*

(Mittelalterl. Vers aus einer Baseler Handschrift – ein Hexameter, der gleichzeitig mit dem Reim spielt, allerdings ohne Beachtung der Quantitäten!)

Aenĭgmă: — *Rätsel:*

Păndō dŏmōs clausās,
ĭtĕrŭm sĕd claudō pătĕntēs;

*Ich öffne verschlossene Häuser,
andererseits aber schließe ich offenstehende;*

sĕrvō dŏmŭm dŏmĭnō,
sĕd rūrsŭs sĕrvŏr ăb ĭpsō.

*ich hüte dem Herrn das Haus,
aber umgekehrt werde ich von ihm gehütet.*

(vermutlich aus dem Mittelalter)

Die Personalendungen des Passivs sind:

Singular:	-r	Plural:	-mur
	-ris		-mini
	-tur		-ntur

pŏscĕrĕ, pŏscō fordern, verlangen
tūtus, a, um sicher
is, ea, id der, die, das (betont), Demonstrativpron. – Abl. **eō, eā, eō**
cīvĭtās, tātĭs f. Bürgerschaft, Gemeinwesen, Staat
ŭbī wo
dēfĕndĕre, deféndō verteidigen, schützen/Fremdwort ***defensiv***
spĕcĭēs, specĭēī f. Anblick, Äußeres, Schein **(ē-Deklination)**
rectus, a, um richtig
rĕgĕre, rĕgō lenken, regieren
corpus, ŏris n. Körper
ăvĭs, avis f. Vogel
căntŭs, cantūs m. Gesang (ū-Deklination)
sŭāvĭs, is, e süß
păndĕrĕ, păndō spannen; aufsperren, öffnen
dŏmŭs, dŏmūs f. Haus – Akk. Plural **dŏmōs**
clausus, a, um (Part. Perfekt Passiv) geschlossen
claudĕrĕ, claudō schließen
pătērĕ, pătĕō offenstehen –
pătēns, pătĕntĭs m. f. n.(Part. Präsens) offen stehend
ĭtĕrŭm Adverb zum zweiten Mal; andererseits, dagegen
sĕrvārĕ, sĕrvō bewahren, beschützen, behüten
rūrsŭs Adverb dagegen, umgekehrt
ĭpsĕ, ĭpsă, ĭpsŭm Pron. er, sie, es selbst – Ablativ **ipsō, ipsā, ipsō**

Pensum trīcēsimum séptĭmum

Rătĭōnĕ, nōn vī vincéndă ădŭlēscéntĭă est. *Mit Vernunft, nicht mit Gewalt muss die Jugend gezügelt werden.*
(Publilius Syrus, Sent. R 1)

Pondĕrándă sunt testimónĭă, nōn nŭmĕrándă. *Zeugenaussagen müssen gewichtet, nicht gezählt werden.*
(in Anlehnung an Plinius d. J., Epist. 2, 12, 5)

Păctă sunt servándă. *Abmachungen sind einzuhalten.*
(Cicero, de officiis 3, 92)

Ex factīs, nōn ex dictīs ămīcī pēnsándī. *Nach ihren Taten, nicht nach ihren Worten müssen Freunde beurteilt werden.*
(Livius, ab urbe cond. 34, 49, 7)

Mōrĭbŭs et formā cŏncĭlĭándŭs ămŏr. *Durch Charakter und durch Schönheit lässt sich Liebe gewinnen.*
(Ovid, Heroides 6, 94)

Damnum appellándum cum mălā fāmā lŭcrŭm.
Schaden ist zu nennen ein Gewinn mit schlechter Nachrede.
(Publilius Syrus, Sent. D 13)

Dē gústibus nōn est dispŭtándum. *Über die Geschmäcker darf man keine Erörterung anstellen.*
Über den Geschmack läßt sich nicht streiten.
(Sprichwort, nicht antik – bei Hans Walther Nr. 36103.)

Im Zusammenhang mit der Einführung der Passivformen des Präsens Indikativ soll gleich auch das **Gerundivum** vorgestellt werden, ein **passivisches Verbaladjektiv**, das die Notwendigkeit einer Handlung bezeichnet.
Das **Gerundivum** wird mit Hilfe des Suffixes **-nd-** aus dem Präsensstamm gebildet: **mŏnéndŭs (a, um)** *einer, der ermahnt werden muss, ein zu Ermahnender.*

In Verbindung mit **esse** ergeben sich Passiv-Umschreibungen, für die sich verschiedene Übersetzungsmöglichkeiten anbieten: am wörtlichsten *müssen mit dem Inf. Passiv*, verneint: *nicht dürfen.* Im Deutschen kommt ferner das Pronomen *man* zu Einsatz: *man muss*, verneint *man darf nicht*. Unpersönliche Wendungen sind häufig: deliberandum est *es muss erwogen werden* = *man muss erwägen.* Auch die Wendung *etwas ist zu tun* statt *es muss getan werden* bietet sich an.

rătĭō, ratiōnis f. (das Rechnen) Vernunft, Überlegung
vīs, vĭm, vī f. (nur diese drei Kasus sind im Sing. üblich), Plural **vires** Gewalt, Kraft
adulescéntia, ae f. Jugend
ponderārĕ, ponderō gewichten, beurteilen – Ableitung von **pondus, ĕrĭs n.** Gewicht (Lw. ***Pfund***!)
testimōnium, ī n. Zeugenaussage, Zeugnis
nŭmĕrārĕ, numerō zählen
păctum, ī n. Abmachung, Vertrag
făctum, ī n. das Getane: Tat
dictum, i n. das Gesagte: Wort, Rede – wie **pactum** und **factum** Neutrum des Part. Perf. Passiv
pēnsārĕ, pēnsō abwägen, beurteilen (frz. ***penser*** *denken)*
mōs, mōrĭs m. Sitte, Brauch – Plural **mōrēs** Charakter (Fremdwort ***Moral***)
forma, ae f. Form, Gestalt, Schönheit
conciliārĕ, concílĭō zusammenbringen, verschaffen, erwerben
lŭcrŭm, i n. Gewinn, Erwerb (Fremdwort ***lukrativ***)
fāma, ae f. Ruf, Nachrede
appellārĕ, appéllō nennen, rufen
gŭstŭs, gŭstūs m. Schmecken, Geschmack
dĭs-pŭtārĕ, díspŭtō genau berechnen, erörtern, abhandeln (Fremdwort ***Disput***)

Pensum duodēquadragēsimum

Saepe stĭlŭm vĕrtās! *Oft mögest du den Griffel umdrehen!*
(Horaz, Serm. 1, 10, 76)

Quidquid ăgĭs, prūdenter ăgās, et rĕspĭcĕ fīnĕm! *Was du auch tust, mögest du klug tun, und schau auf das Ende!*
(Gesta Romanorum 103)

Gaudĕāmus ĭgĭtŭr, iŭvĕnēs dŭm sŭmŭs! *Freuen wir uns also, solange wir jung sind!*
(Studentenlied, C.W. Kindleben)

Audĭātur et áltĕră pars! *Es soll auch die andere Seite gehört werden.*
(Rechtsgrundsatz, bei Seneca und bei Augustinus belegt.)

Amēs păréntĕm, sī aequus est; sī ălĭtĕr, fĕrās.
Du mögest deinen Vater lieben, wenn er gerecht ist; wenn nicht, ertragen.
(Publilius Syrus, Sent. A 7)

Imprĭmātŭr! *Es möge gedruckt werden!*
(Formel der kirchlichen Druckerlaubnis)

Der dritte Modus des Verbs ist – neben dem Indikativ und dem Imperativ – der Konjunktiv.

Der Konjunktiv tritt in den Texten dieser Seite zunächst als der **Modus des Wunsches auf.** Ich übersetze meist etwas umständlich mit dem Hilfsverb „mögen".

Der **Konjunktiv** hat im Präsens (außer dem **-m** in der 1. Pers. Sing. Aktiv) im **Aktiv** und im **Passiv** die **Personen-Endungen, die bekannt sind.** – Das **-m für die 1. Person** ist bei **sum** schon einmal vorgekommen.
Zwischen den Stamm des Verbs und die Personen-Endung tritt im **Konjunktiv des Präsens der Kennlaut -a-.** Allerdings: **in der ā-Konjugation** wird aus den zwei aufeinandertreffenden ā **ein -ē-**. Beispiel oben: **amēs.**

Das für den Konjunktiv charakteristische **-a- bzw. -e-** ist beim Aktiv in der 2. Person Singular und in der 1. und 2. Person Plural **lang,** bei den anderen Personen **kurz.**
Im **Passiv** ist das -ā- bzw. ē- überwiegend lang, wie auf dieser Seite die Form **audiātur** zeigt.

stĭlŭs, stĭlī m. der Griffel (Ursprung des Begriffes *Stil*!)
vĕrtĕrĕ, vĕrtō wenden, umdrehen
quidquid verallgemein. Pronomen: was auch immer; alles, was
ăgĕrĕ, ăgō treiben, tun
prūdenter klug, mit Umsicht/Adverb zu **prudens** klug
rĕspĭcĕrĕ, rĕspĭcĭō zurückblicken, berücksichtigen, bedenken (Fremdwort *Respekt*)
fīnĭs, fīnĭs m. das Ende
gaudērĕ, gaudĕō sich freuen
ĭgĭtŭr also
iŭvĕnĭs, iuvenis, iuvene (Adjektiv) jung – **iuvenis, is m.** junger Mann (Substantiv)
dŭm Konjunktion solange
ăltĕr, áltĕră, áltĕrŭm der (die, das) eine, andere (von zweien)
pars, partĭs f. Teil, Seite
părēns, părĕntĭs m. Vater
álĭtĕr Adv. anders
ferre, ferō tragen, ertragen – Konjunktiv **fĕrăm, fĕrās, fĕrăt** usw.
imprĭmĕrĕ, ímprĭmō hineindrücken; spätere Bedeutung: *drucken*

In der ersten Sentenz gibt **Horaz** sich und allen, die Texte verfassen, einen guten Rat. Er heißt: ***Feile am Text, streiche auch öfter mal Geschriebenes wieder!*** – In Rom hatte der **stilus** ein abgeplattetes Ende zum Schaben der Wachstafel, auf die man schrieb. Indem man ihn wendete, konnte man „radieren".

Pensum ūndēquadragēsimum

Quŏd dī bĕnĕ vĕrtănt! *Das mögen die Götter gut ausgehen lassen!*
(oft gebraucht, z. B. Plautus, Aulularia 175, Terenz, Adelphoi 728)

Orēmus! *Lasset uns beten!*
(Kirchl. Formel)

In sĭlvăm nē lĭgnă fĕrās! *Trag nicht Holz in den Wald!*
(Horaz, Serm. 1, 10, 34)

Unī nāvī nē commĭttās omnĭă! *Vertrau nicht einem einzigen Schiff alles an!*
(Sprichwort, mittelalterlich – bei Hans Walther Nr. 32193)

Bella gĕrant aliī, Protesiláos ămĕt! *Kriege mögen andere führen, Protesilaos soll lieben!*
(Ovid, Heroides 13, 84)

Cūrā, ut vălĕās. *Sorge, dass du gesund bist.*
(Floskel im Brief)

Dā ŏpĕrăm,
nē quid umquam ĭnvītŭs făcĭās.
Gib dir Mühe,
dass du nie etwas widerwillig tust.
(Seneca, epist. 61, 3)

Wünsche haben immer als Verneinung **nē** statt nōn.

Bisher sind auf den Seiten von VOX VIVA nur die einfachsten Arten von **Nebensätzen** vorgekommen, nämlich Relativsätze, Bedingungssätze mit der einleitenden Konjunktion **si** oder Temporalsätze mit der Einleitung **cum/dum.** Das Verständnis machte keine Schwierigkeit.
Nun aber, da der Konjunktiv in unser Gesichtsfeld gerückt ist, werden uns auch andere Arten von Nebensätzen begegnen.

Die beiden letzten Sentenzen oben sind Satzgefüge mit **abhängigen Begehrs- oder Wunschsätzen.** Dass hier der Konjunktiv am Platz ist, ist keine Frage.

Übrigens sind wir hier noch ganz nah an der Entstehung derartiger Satzgefüge. Bei beiden Sprüchen lassen sich die Einzelaussagen jeweils durchaus noch unabhängig voneinander vorstellen, nämlich:
Du mögest gesund sein! Sorge dafür.
Nie mögest du etwas unwillig tun! Gib dir Mühe.
Der als abhängig empfundene Satz wird hier mit **ut** eingeleitet, verneint mit **nē**. Das zeigt der letzte Satz.

Ich habe die wenig schöne Übersetzung mit einem dass-Satz gewählt. Besser hieße es: Gib dir Mühe, nie etwas widerwillig zu tun
Es wird bald klar werden, dass lateinische Konjunktive in Nebensätzen nicht etwa mit deutschen Konjunktivformen zu übersetzen sind. Jede Sprache folgt ihren eigenen Gesetzen.

quŏd was – oft statt des hinweis. Pronomens **id** oder **hoc** – sog. relativer Anschluss
vĕrtĕrĕ, vĕrtō wenden, lenken
līgnum, līgnī n. Holz
silva, silvae f. Wald
nāvĭs, is f. Schiff
commíttĕrĕ, commíttō überlassen, anvertrauen
bellum gĕrĕre, gĕro Krieg führen
alius, a, ud ein anderer, Plural **alii, ae, a**
vălērĕ, vălĕō gesund sein
ŏpĕrăm dărĕ, operam dō sich Mühe geben
quid irgendetwas
umquam Adv. jemals (**nē … umquam** niemals)
invītus, a, um widerwillig, unwillig

Der Vers **Bella gerant alii …** wurde im 14. Jh. auf die Heiratspolitik der Habsburger umgedichtet mit dem Nachsatz: **Tu, felix Austria, nube!** *Du, glückliches Österreich, heirate!*

Pensum quădrāgēsĭmum

Pătĕr nŏstĕr, quī ĕs in caelīs,
sānctĭfĭcētŭr nōmĕn tŭŭm,
advĕnĭat rēgnŭm tŭŭm,
fĭăt vŏlŭntās tŭă sīcŭt in
caelō et in terrā.
Pānĕm nostrum cōttĭdĭānŭm
dā nōbīs hŏdĭē
et dīmĭttĕ nōbīs dēbĭtă nŏstră
sīcŭt et nōs dīmĭttĭmŭs
dēbĭtōrĭbŭs nostrīs.
Et nē nōs ĭndūcās in tĕntātĭōnĕm,
sĕd lībĕrā nōs ā mălō.
Quia tuum est regnum et potestas
et gloria in saecula. Amen

Vater unser, der du bist in den Himmeln,
geheiligt werde dein Name,
dein Reich komme,
dein Wille geschehe wie im
Himmel so auch auf der Erde.
Unser tägliches Brot gib
uns heute
und vergib uns unsere Schuld,
so wie auch wir vergeben
unseren Schuldigern.
Und führe uns nicht in Versuchung,
sondern befreie uns vom Bösen.
Denn dein ist das Reich und die Kraft
und die Herrlichkeit in Ewigkeit. Amen
(Matth. 6, 9-13 und spätere Schlussformel)

Dominus custodit te,
ab omni malo custodiat
animam tuam Dominus.

Der Herr behütet dich,
vor allem Bösen behüte
der Herr deine Seele.
(Psalm 121, 7)

Convertat Dominus vultum
suum ad te
et det tibi pacem.

Es wende der Herr
seinen Blick zu dir
und gebe dir Frieden.
(Numeri 6, 26)

Das **Vaterunser** ist uns im Neuen Testament zweimal überliefert:
bei Matthäus (6,9 – 13) und bei Lukas (11,2 – 4).
Ich führe es in der Fassung des Matthäus an, wie sie im Messbuch der römischen Kirche erscheint. Sie hat den Vorteil, dass mit den bis jetzt in VOX VIVA gewonnenen grammatischen Kenntnissen eigentlich jedes Wort zu verstehen sein müsste.

Dreimal findet sich in den sieben Vaterunser-Bitten ein schlichter **Imperativ: dā! dīmítte! lībĕrā!**, viermal ein **Konjunktiv** als Wunsch: **sanctificētur – advéniat – fīăt – nē indūcās!**
Die Schlussformel stammt aus den frühen Jahrhunderten der Kirche.

noster, nostra, nostrum unser – Possessivpron. der 1. Pers. Plural
sānctificāre, sānctificō heiligen
ad-vĕnīrĕ, advĕnĭō ankommen
rēgnum, rēgnī n. Königreich, Reich
fĭĕrī, fīō geschehen, (gemacht werden)
sīcŭt so wie
pānĭs, panis m. Brot
cōttidiānus, a, um täglich (**cōttĭdĭē** Adv. täglich)
hŏdĭē Adv. heute
nōbīs uns – Dativ zu **nōs** (Nom.) wir
nōs uns (Akkusativ) – 2-mal in den letzten beiden Zeilen
dī-mĭttĕrĕ, dīmíttō wegschicken, entlassen, erlassen
dēbĭtŭm, dēbĭtī n. Geschuldetes, Schuld
dēbĭtŏr, dēbĭtōrĭs m. Schuldner, in älterer Sprache: Schuldiger
in-dūcĕrĕ, ĭndūcō hineinführen
tentātĭō, tentātiōnĭs f. Versuchung
in mit dem Akkusativ in … hinein – s. Pensum 26
lībĕrārĕ, lībĕrō befreien
malum, i n. Böses, Übel
quia Konjunktion weil
potéstas, tātis f. Macht, Kraft
saeculum, i n. Jahrhundert – spätlat. **saecula, orum n.** Ewigkeit
custodire, custodio bewachen, behüten
anima, ae f. Seele
convertere, converto wenden, hinwenden
vultus, us m. Miene, Blick

Pensum quădrāgēsĭmum prīmum

Ōrăndŭm est, ŭt sĭt mēns sāna in cŏrpŏrĕ sānō.

Man muss beten, dass in einem gesunden Körper ein gesunder Geist sei.

(Juvenal, Sat. 10, 356)

Dā spătĭŭm vītae, multōs dā, Iúppiter, annōs!

Gib lange Dauer dem Leben, gib, Jupiter, viele Jahre!

(Juvenal, Sat.10, 188)

Sīmŭs inter ĕxĕmplă!

Seien wir unter den Vorbildern!

(Seneca, epist. 98, 13)

Sĭt vĕnĭă vĕrbō.

Es sei Nachsicht dem Worte = Man möge mir den Ausdruck verzeihen.

(übliche Wendung, z. B. bei Plinius)

Căvĕndum est etiam, nē māiŏr poenă quam culpă sit.

Man muss auch acht geben, dass die Strafe nicht größer ist als die Schuld.

(Cicero, De officiis 1, 89)

Die erste Sentenz ist ein Hexameter aus der 10. Satire des römischen Dichters **Juvenal** (58 – 138 n. Chr.), in der er die törichten Wünsche und Gebete der Menschen aufs Korn nimmt. In *diesem* Vers sagt er, was nach seiner Meinung *wirklich* des Wünschens und Betens wert ist. Der Vers wird oft verkürzt zitiert (**mēns sāna in córpŏrĕ sānō**) und gelegentlich so verstanden, als sei ein gesunder, wohltrainierter Körper allemal die Garantie für einen gesunden Geist, oder schlimmer: ein gesunder Geist sei *nur* in einem gesunden Körper.
Die zweite Sentenz ist nach Juvenals Ansicht einer der törichten Wünsche: Das Alter bringe doch vor allem viele und andauernde Übel mit sich, meint der Dichter.

Im Gebet ruft der Römer entweder die Götter (dii) oder wie hier einen der Götter mit Namen an.

Der Name des höchsten Gottes bei den Römern, **Iuppiter**, setzt sich zusammen aus dem alten Götternamen **Dĭŏvis** und **păter** *Vater* (mit zu i abgeschwächtem ă). Das indogermanische Urwort, das in Diovis erscheint, bedeutet „leuchtend" und ist im Lateinischen auch in **dĕus** *Gott* und **dĭēs** *der Tag* greifbar, ebenso im griechischen Namen **Zeus** für den Göttervater.
Die Zusammensetzung mit **păter** beschränkt sich auf Nominativ und Vokativ. Alle anderen Kasus deklinieren den eigentlichen Namen **Iŏvĭs**, d. h. Genitiv **Iŏvĭs,** Dativ **Iŏvī,** Akkusativ **Iŏvĕm,** Abl. **dē Iŏvĕ.**
In Rom befand sich auf dem **Capitōlium** das berühmteste Heiligtum des **Iuppiter** mit dem Beinamen **óptĭmus măxĭmus** *der beste und der größte.* Er wurde dort zusammen mit **Juno,** der Göttin der Ehe und des Hauswesens und Gemahlin Juppiters, und **Minerva**, der Göttin der Weisheit, verehrt.

Die **Konjunktiv-Formen des Präsens von esse** sind nicht schwierig: **sim, sīs, sit, sīmus, sītis, sint**

mēns, mĕntĭs f. Sinn, Geist
sānus, a, um gesund
cŏrpŭs, cŏrpŏrĭs n. Körper
spătium, i n. Raum, Ausdehnung, Weite, Größe, lange Dauer – engl. **space!**
exémplum, exemplī n. Beispiel, Vorbild
vĕnĭă, veniae f. Entgegenkommen, Verzeihung, Nachsicht
căvērĕ, căvĕō acht geben, sich hüten
poenă, ae f. Strafe
culpă, ae f. Schuld

Pensum quadrāgēsimum áltĕrum

Ecce grātum et optātum	*Sieh, willkommen und ersehnt,*
vēr rĕdūcĭt gaudiă.	*bringt der Frühling die Freuden zurück.*
purpurātum flōrĕt prātum,	*In Purpur gekleidet blüht die Wiese,*
sŏl sĕrēnăt ómnĭă.	*die Sonne macht alles heiter.*
iam iam cēdant trístĭă!	*Nun soll aller Trübsinn weichen!*
aestās rĕdĭt; nunc rĕcēdĭt	*Der Sommer kehrt zurück; jetzt weicht*
hĭĕmĭs saevítĭă.	*des Winters Grausamkeit.*

Iam lĭquēscĭt et dēcrēscĭt	*Nun schmilzt und nimmt ab*
grăndō, nĭx et cētĕră.	*Hagel, Schnee und das übrige.*
brūmă fŭgĭt et iam sūgĭt	*Die Kälte ist weg und schon saugt*
vēr aestātĭs ūbĕră.	*der Frühling die Milch des Sommers.*
illī mēns est mísĕră	*Der hat ein unglückliches Wesen,*
quī nec vīvĭt nec lăscīvĭt	*der nicht lebt und übermütig ist*
sub aestātĭs dĕxtĕrā.	*unter der Herrschaft des Sommers.*

Im Jahre 1803 wurde im Kloster Benediktbeuern in Bayern eine alte Handschrift entdeckt, die 315 Texte aus der ersten Hälfte des 13. Jahrhunderts enthielt, einige mittelhochdeutsche, überwiegend aber lateinische. Sie sind unter dem Namen **Cármĭnă Būrānă** (Lieder aus Beuern) in die Literaturgeschichte eingegangen.
Die Thematik der Gedichte ist vielfältig: Natur- und Liebeslyrik, Trink-, Spiel- und Vagantenlieder, auch Kreuzzugsgedichte. Die beiden Strophen oben stammen aus den Carmina Burana. Es sind Verse nach deutschem Sprachgefühl, Viertakter, die man als **rhýthmī** bezeichnet.
Weltberühmt wurden die Carmina Burana, als **Carl Orff** 1937 aus einer Anzahl der Lieder ein Chorwerk dieses Titels komponierte.

ĕccĕ Adverb da! siehe da!
grātŭs, a, um angenehm, anmutig, willkommen
vēr, vērĭs n. Frühling
rĕdūcĕrĕ, rĕdūcō zurückführen, -bringen (Fremdwörter *Reduktion, reduzieren*)
gaudium, gaudĭī n. Freude
pŭrpŭrātus, a, um in Purpur gekleidet

prātŭm, prātī n. Wiese
sĕrēnārĕ (zu **sĕrēnŭs, a, um** heiter) heiter machen, aufheitern
iăm schon, soeben
iam iam alsbald, im Augenblick
cēdĕrĕ, cēdō weichen, weggehen
trīstĭs, trīstis, trīstĕ traurig, betrübt
tristĭă Neutrum Plural die traurigen Dinge, die Traurigkeit
aestās, aestātĭs f. Sommer
rĕcēdĕrĕ, rĕcēdō zurückweichen, -gehen (Fremdwörter *Rezession, rezessiv!*)
hĭĕms, híĕmĭs f. Winter
saevĭtĭă, saevĭtĭae f. Grausamkeit
lĭquēscĕrĕ, lĭquēscō flüssig werden, schmelzen (**líquĭdŭs** flüssig, **lĭquŏr** Flüssigkeit)
dēcrēscĕrĕ, dēcrēscō (zurückwachsen) abnehmen
grăndō, grándĭnĭs f. Hagel
nix, nivis f. Schnee
et cētĕră und die übrigen Dinge (heute noch ***etc.*** für *usw.*)
brūmă, brūmae f. aus **brĕvuma** = **brĕvĭssĭmă** (diēs) der kürzeste Tag, Winter, Winterkälte
sūgĕrĕ, sūgō saugen
ūbĕr, ūbĕrĭs n. Plural ūbĕră Euter, Zitze, säugende Brust
ille, illa illud Demonstrativ-Pronomen: jener, jene, jenes
illī (Dativ) est jenem ist = jener hat
mĭsĕr, mísĕră, mísĕrŭm elend, unglücklich
nĕc … nĕc nicht … und nicht; weder …noch
lāscīvīrĕ, lāscīvĭō ausgelassen, lustig sein
dĕxtĕr, dĕxtră, dextrum (auch **dĕxtĕră, um**) rechts befindlich
dĕxtĕră f. = **mănŭs dextera** die rechte Hand – oft für: Macht, Gewalt, Stärke, Schutz

Pensum quadrāgēsimum tertium

Dō, ut dēs.	*Ich gebe, damit du gibst.* (Altrömische Rechtsformel)
Nōn ut ĕdām, vivo, sĕd ŭt vīvām, edo.	*Nicht um zu essen, lebe ich, sondern damit ich lebe, esse ich.* (Quintilian, Inst. orat. 9, 3, 85)
Ut ămērĭs, ămābĭlĭs ĕstō!	*Um geliebt zu werden, sei liebenswürdig!* (Ovid, Ars amatoria 2, 107)
Lēgŭm dēnĭquĕ idcircō omnēs servī sŭmŭs, ut līběrī esse possīmus.	*Schließlich sind wir alle deswegen Sklaven der Gesetze, um frei sein zu können.* (Cicero, pro A. Cluentio 146)
Via hóstibus, quā fŭgiant, muniénda est.	*Eine Straße muss man den Feinden bauen, damit sie auf ihr fliehen.* (Vegetius, Epitoma rei militaris 3, 21 – als Maxime des Feldherrn Scipio)
Nēmō prūdēns pūnĭt, quia peccátum est, sed nē peccētŭr.	*Kein kluger Mensch straft, weil gefehlt worden ist, sondern damit nicht gefehlt werde.* (Seneca, De ira 1, 19, 7 zitiert hier Platon)
Ut lócuplēs fīăt, semper avārus hĭăt.	*Um reich zu werden, sperrt der Habgierige immerzu seinen Rachen auf.* (mittelalterl. Spruch)

Wir haben **die Konjunktion ut, verneint nē,** schon als Einleitung von abhängigen Wunschsätzen kennengelernt.
Abhängige Wunschsätze sind Objektsätze, d. h. der Wunschsatz antwortet auf die Frage: **was wünsche, fordere, erstrebe ich?** Die Übersetzung ist ***dass***, evtl. der **Infinitiv mit *zu*.** (Er wünscht sich, *dass er gesund ist* = *gesund zu sein.*)
Auf dieser Seite weitet sich der Blick aus auf **ut-Sätze**, die das **Ziel** irgendeiner Handlung angeben und auf die Frage **warum, mit welcher Absicht, zu welchem Zweck?** antworten.

Solche **ut-Sätze, die man Finalsätze** nennt, erweitern den Satz nicht um ein Objekt, sondern um eine adverbiale Bestimmung und sind demnach **Adverbialsätze.**

Natürlich liegt auch der **Absicht oder dem Zweck (lat. fīnis)** ein Wunsch oder Begehren zugrunde; das macht den **Konjunktiv** und die Verneinung mit **nē** verständlich.

Wir übersetzen das finale ut mit der Konjunktion ***damit*** oder auch ***dass***. Wenn im Hauptsatz und im ut-Satz das Subjekt gleich ist, zieht **unsere Sprache** die Verkürzung durch die Wendung ***um zu*** mit dem **Infinitiv** vor (siehe oben!)

vīvĕre, vīvō leben
ĕdĕrĕ, ĕdō essen
ămābĭlĭs, is, e liebenswürdig
estō! Imperativ Sg. von **esse**
dēnĭquĕ schließlich, endlich
idcircō deswegen
servus, ī m. Sklave
viam mūnīre, mūnio eine Straße bauen
fŭgĕre, fugio fliehen
quā = ut ĕā damit sie auf dieser (Abl. instrumenti)
pūnīre, pūnĭō bestrafen
peccāre, peccō sündigen, fehlen – **peccātum est** Perf. Pass.: es ist gefehlt worden
lŏcŭplēs m., f., n. lŏcŭplētĭs begütert, reich (**lŏcŭs** Landbesitz + **plēnus, a, um** voll)
fīăt Konj. Präsens von **fĭĕrī, fīō** werden
ăvārus, a, um habgierig, geizig
hĭāre, hĭō klaffen, offen stehen, gähnen; gierig den Mund, Rachen, Schnabel aufsperren

Pensum quadrāgēsimum quartum

Bărbă nōn făcĭt philósŏphŭm. — *Der Bart macht nicht den Philosophen.*
(Gellius, Noctes Atticae 9, 2, 4)

Philosophía sapiéntiae ămŏr est et adféctĭō. — *Die Philosophie ist die Liebe zur Weisheit und das Streben (nach ihr).*
(Seneca, epist. morales 89, 4)

Omnibus lūcet. — *Allen leuchtet sie.*
(Seneca, ep.mor. 44, 2 über die Philosophie)

Philosophíae serviās opórtet, ut tibi contíngat vēră libertās. — *Der Philosophie musst du dienen, damit dir die wahre Freiheit zuteil wird.*
(Seneca, ep. mor. 8, 7 zitiert Epikur)

Sĭnĕ philosophiā nēmō intrépidē potest vīvĕre. — *Ohne Philosophie kann niemand furchtlos leben.*
(Seneca, ep.mor. 16, 3)

Făcĕrĕ dŏcĕt phĭlŏsŏphía, nōn dīcĕrĕ. — *Zu handeln lehrt die Philosophie, nicht zu reden.*
(Seneca, epist. morales 20, 2)

Virtūtēs dĭscĕrĕ est vĭtĭă dēdĭscĕrĕ. — *Tugenden lernen heißt Fehler verlernen.*
(Seneca, epist. morales 50, 7)

Auf **Cícĕrō (106 – 43 v. Chr.)** als den Vermittler der griechischen Philosophie ist in pensum 10 schon hingewiesen.

Lucius Annaeus Sénĕcă, um Christi Geburt in Cordoba in Spanien geboren, vertritt hundert Jahre nach Cicero in Rom die Philosophie. – Er kam früh in die Hauptstadt und genoss dort eine hervorragende Erziehung. Wie es üblich war, begann er eine politische Laufbahn als kaiserlicher Beamter. Daneben war er aber intensiv schriftstellerisch tätig, verfasste naturwissenschaftliche Untersuchungen ebenso wie Tragödien nach dem Vorbild der griechischen

Klassiker, vor allem aber philosophische Abhandlungen im Geiste der stoischen Philosophie. Seine philosophisch-moralischen Traktate haben die rechte Lebensführung im Blick, ein vernunftgemäßes Leben, Pflichterfüllung im Dienst an der Menschheit, Gelassenheit in allen Lebenslagen. –
Im Jahr 49 n. Chr. engagierte ihn Agrippina, die Gattin des Kaisers Claudius, als Erzieher ihres Sohnes Nero. Neros erste Jahre als Kaiser (54 n. Chr. hatte Agrippina Kaiser Claudius vergiftet) waren noch stark durch den positiven Einfluss Senecas geprägt. Senecas Schrift De clementia (56) ist Nero gewidmet.
Im Jahr 65 jedoch wurde Seneca der Beteiligung an einer Verschwörung gegen den immer größenwahnsinniger werdenden Kaiser, der bereits 59 n. Chr. seine Mutter hatte ermorden lassen, bezichtigt. Ende April 65 erhielt der Philosoph das bereits erwartete Todesurteil. Die Wahl der Todesart wurde ihm überlassen. Er öffnete sich im Bade die Pulsadern. – In den letzten Lebensjahren und bis zum Tage seines Todes verfasste er die 124 moralphilosophischen Briefe an Lucilius (epistulae morales ad Lucilium).

barba, barbae f. Bart
adféctio, adfectiōnĭs f. Neigung, Liebe, Streben (meist **affectio**)
lūcēre, lūcĕō leuchten
servīre, servio dienen
oportēre, oportet nötig sein
contíngĕre, contíngō gelingen, zuteil werden
intrepidē Adverb zu **intrepidus, a, um** furchtlos
dĭscĕrĕ, dĭscō lernen
dēdĭscĕrĕ, dēdĭscō verlernen
vĭtĭŭm, ī n. Fehler

Pensum quadrāgēsimum quintum

Bĕnĕ dormit, quī nōn sĕntĭt, quam mălĕ dormĭăt.

Gut schläft der, der nicht merkt, wie schlecht er schläft.

(Publilius Syrus, Sententiae B 24))

Fīdĕ, sed cŭī fīdās, vĭdē.

Hab Vertrauen, aber sieh, wem du vertraust. Trau, schau, wem!

(Sprichwort)

Quālĭs sit ănĭmŭs, ipsĕ animus nĕscĭt.

Wie beschaffen die Seele ist, weiß die Seele selbst nicht.

(Cicero, Tusc. 1, 53)

Centum sunt causae, cūr ĕgō semper ămĕm.

Hundert Gründe gibt es, warum ich immer liebe.

(Ovid, Amores 2, 4, 10)

Nĕscīs, quid vĕspĕr sērŭs vĕhăt.

Du weißt nicht, was der späte Abend bringt .

(Sprichwort, Titel einer Satire von Varro)

Quid sit futūrum crās, fŭgĕ quaerĕre.

Was morgen sein wird, hüte dich zu fragen.

(Horaz, carm. 1, 9, 13)

Nĕscĭt, quŏt digitōs hăbĕăt in mănū.

Er weiß nicht, wie viele Finger er an der Hand hat.

(Plautus, Persa 187)

Nōn ăvĭs aucúpĭbŭs mōnstrăt, quā pārtĕ pĕtātŭr.

Nicht zeigt der Vogel den Vogelfängern, von welcher Seite her er erreicht werden kann.

(Ovid, Ars amat. 3, 669)

Nach den abhängigen Wunschsätzen in pensum 39 begegnen uns hier **abhängige Fragesätze.**

Die Fragen **quam mălĕ dormit?, cui fidis?, quot digitōs habet?** werden abhängig von Verben des Sagens, Fragens, Fühlens, Wahrnehmens, Wissens. Hier sind es **sentīrĕ, vĭdēre, nĕscīrĕ, mōnstrārĕ.**

Die Abhängigkeit des Fragesatzes drückt sich im Lateinischen **immer durch den Konjunktiv** der Verbform aus. **Wir übersetzen ihn mit dem deutschen Indikativ.**

dormīre, dormĭō schlafen
sentīre, sentĭō fühlen
quam wie
mălus, a, um schlecht – Adverb: **mălĕ**
fīdĕrĕ, fīdō vertrauen
cŭī wem? Fragepronomen (Dativ) zu **quis wer?**
quālis, is, e wie beschaffen? – Fremdwort ***Qualität***
ánĭmŭs, i m. Geist, Seele
nĕscīrĕ, néscĭō nicht wissen
centum hundert
causa, ae f. Grund
cūr warum?
vĕspĕr, vesperī m. Abend
sērus, a, um spät
vĕhĕrĕ, vĕhō fahren, bringen
futurus, a, um künftig – Partizip Futur von esse
crās Adverb morgen
fŭgĕre, fugio fliehen – der Imperativ **fŭgĕ** mit Infinitiv dient als verneinter Imperativ
quŏt wie viele
dĭgĭtŭs, dĭgĭtī m. Finger
aucĕps, aucŭpĭs m. Vogelfänger (**avis** und **căpĕrĕ, căpĭō**)
mōnstrārĕ, mōnstrō zeigen
quā parte Abl. auf welcher, von welcher Seite
pĕtĕrĕ, pĕtō erstreben, erreichen

Pensum quadrāgēsimum sextum

Dīvĭtĭīs hŏmĭnēs an sint virtūtĕ bĕātī?

Sind die Menschen wohl durch Reichtum oder durch Tugend glücklich?

(Horaz, Serm. 2, 6, 74)

Ut dēsĭnt vīrēs, tamen est laudandă vŏlŭntās.

Mögen die Kräfte auch fehlen, dennoch ist der Wille zu loben.

(Ovid, epistulae ex Ponto 3, 4, 79)

Fīăt iūstĭtĭă, et pérĕăt mundus.

Es geschehe Gerechtigkeit, und mag die Welt dabei zugrunde gehen!

(Devise des Kaisers Ferdinand I., regierte 1556 – 1564)

Quămvīs sint sub aquā, sub aquā mălĕdīcĕrĕ témptănt.

Obwohl sie unter Wasser sind, versuchen sie unter Wasser zu schimpfen.

(Ovid, Metamorphosen 6, 376: Verwandlung der lykischen Bauern in Frösche)

Nōn sŭm tam dēmēns, ut aegrōtāre cŭpĭăm.

Ich bin nicht so verrückt, dass ich krank zu sein wünsche.

(Seneca, ep. mor. 67, 4)

Nĕquĕ ĭs sŭm, quī mórtĭs pĕrīcŭlō térrĕăr.

Aber ich bin nicht so einer, dass ich durch Todesgefahr erschreckt werde.

(Caes., B.G. 5, 30)

Tantă vīs prŏbĭtātĭs est, ut ĕăm in hŏstĕ etiam dīlĭgāmŭs.

So groß ist die Macht der Rechtschaffenheit, dass wir sie sogar beim Feinde lieben.

(Cicero, Laelius 29)

Diese Seite zeigt weitere Anwendungsweisen des Konjunktivs.
Der Gebrauch als **Potentialis – Modus der Möglichkeit** – in Sentenz 1 und 2 weist den Weg zum **konzessiven** Gebrauch, wie ihn die Texte 3 – 5 zeigen: **es wird eingeräumt**, dass etwas so oder so sein mag.

Am Schluss erscheint noch eine andere, sehr häufige Anwendungsweise des Konjunktivs.
Das **konsekutive ut, verneint ut non** leitet einen Nebensatz ein, der die **Folge** ausdrückt, eingeleitet mit **so dass ...** Meist geht ein hinweisendes Wort wie **tam, talis, tantus** oder dgl. voraus.

In Relativsätzen mit dem Konjunktiv ist oft ein konsekutiver Sinn zu entdecken.

dīvĭtĭae, ārŭm f. pl. Reichtum
ăn oder (in einer Frage)
dē-esse, dēsum fehlen, nicht da sein
vīrēs, vīrĭŭm f. pl. Kräfte – Sing. **vīs f.** Macht, Kraft
tămĕn dennoch
laudare, laudō loben
fĭĕrī, fīō werden, gemacht werden – Konjunktiv Präsens: **fīăm, fīās, fīăt** usw.
perīre, perĕō zugrunde gehen – Konjunktiv Präs.: **pérĕăm pérĕās usw.**
quamvīs Konjunktion (wie du willst) obwohl, wenn auch
sub Präp. mit dem Ablativ unter
mălĕdīcĕrĕ, mălĕdīcō (schlecht reden) schmähen, schimpfen
temptārĕ, temptō versuchen
dēmēns m., f., n., dēmĕntĭs von Sinnen, verrückt
aegrōtārĕ, aegrōtō krank sein
cŭpĕrĕ, cŭpĭō wünschen, begehren
ĭs (Pronomen) der – prägnant: so einer, ein solcher
tĕrrērĕ, térrĕō erschrecken – **quī térrĕăr = ut terrear**
tantus, a, um so groß
prŏbĭtās, tātĭs f. Rechtschaffenheit, Redlichkeit
dīlĭgĕre, dílĭgō lieben

Pensum quadrāgēsimum séptĭmum

Măxĭmă dēbētŭr pŭĕrō rĕvĕrēntĭă.

Größte Ehrfurcht schuldet man dem Kinde.
(Juvenal, Satire 14, 47)

Sunt pŭĕrī pŭĕrī,/ pŭĕrī pŭĕrīlĭă trăctănt.

Kinder sind Kinder, Kinder treiben kindliche Spiele.
(unbekannter Verfasser)

Saepĕ pŭĕr pārĕt,/pārĕt ŭt sĭbĭ dōnă părĕntĭs.

Oft gehorcht das Kind, um sich Geschenke des Vaters (oder der Mutter) zu erwerben.
(anomym, mittelalterlich)

Die Texte 2 und 3 sind zwei Hexameter unbekannter Verfasser, die mit Worten spielen.
Text 2 ist leicht zu verstehen.
Text 3 treibt sein Spiel mit den Verben
pārērĕ, pārĕō gehorchen (**pārĕt** er gehorcht) und
părārĕ, părō bereiten, erwerben (**Konj. Präs.** parem, pares, **părĕt**)
und dem Nomen
părēns, părēntĭs m. und f. Vater oder Mutter – das seinerseits zu dem Verb
părĕrĕ, părĭō hervorbringen, erzeugen, gebären gehört.

Bei näherem Hinsehen zeigt sich zum Glück, dass gerade diese verwirrend ähnlichen Wörter uns vom Deutschen und den neueren Fremdsprachen her nicht ganz unvertraut sind.
parieren im Sinn von *gehorchen* dürfte bekannt sein. –
Sicher geläufig sind ***reparieren*** oder ***präparieren***, die zu **parāre** gehören.
Das Nomen **părēns, părēntĭs** erinnert sofort an die englischen ***parents*** und an die französischen Eltern, ***les parents***.

dēbērĕ, dēbĕō (aus **dē-hăbērĕ** von jem. etwas haben) schulden, verdanken
pŭĕr, pŭĕrī m. Kind, Knabe (**ō-Deklination** wie **măgĭstĕr, făbĕr** und nur wenige andere Substantive auf **-er**) – **pŭĕllă** aus der Verkleinerungsform **pŭĕrŭlă** ist das Mädchen.

rĕvĕrĕntĭă, reverentiae f. Hochachtung, Ehrfurcht
pŭĕrīlĭs, puerilis, puerile kindlich
pŭĕrīlĭă (Neutrum Plural) kindliche Dinge
trāctārĕ, trāctō in die Hände nehmen, behandeln, betreiben
dōnum, dōnī n. Gabe, Geschenk
pārĕt ut in schlichter Prosa hieße es: **ut pārĕt.** Hier ist das **ut** dem Versmaß und vielleicht auch dem Wortspiel **pārĕt, pārĕt** zuliebe an die zweite Stelle gerutscht.

Deutsche Verse erhalten ihren Rhythmus durch den regelmäßigen **Wechsel von betonten und unbetonten (oder weniger betonten) Silben**. Der Wortakzent bleibt auch im Vers maßgebend.

Bei den Römern wie bei den Griechen machte dagegen eine regelmäßige Abfolge von langen und kurzen Silben das Wesen des Verses aus. Was das bedeutet, müssen wir nach und nach verstehen lernen.
Ein **Hexameter** besteht aus **sechs** Versfüßen oder Takten (griech. **hex** heißt *sechs* und **mĕtron** das *Maß*). In der Mitte des dritten Taktes hat er gewöhnlich einen Einschnitt, die sog. Zäsur, oben durch / kenntlich gemacht.
Fünf der sechs Takte sind im Prinzip dreisilbig gefüllt, d. h. in jedem Takt folgen auf eine lange Silbe zwei kurze: **lang, kurz, kurz.** Der sechste Takt ist immer nur zweisilbig. In den anderen Takten (außer im fünften) *können* die zwei Kürzen auch durch eine Länge aufgewogen werden, also **lang, lang.** Das erinnert an den Ersatz von zwei Viertelnoten durch eine halbe in der Musik.

Pensum duodēquinquāgēsimum

Caelum, nōn ănĭmŭm mūtănt, quī trāns mărĕ cŭrrŭnt.

Den Himmel, nicht die Gesinnung wechseln, die über das Meer eilen.

(Horaz, Epist. 1, 11, 27)

Tĕmpŏră mūtăntŭr, nōs ĕt mūtāmŭr ĭn ĭllīs. *Die Zeiten ändern sich, und wir ändern uns in ihnen.*

(Mittelalterlicher Spruch)

Cunctă flŭūnt, nihil est tōtō, quod perstet, in orbe.

Alles fließt, nichts ist, was Bestand hat, auf dem ganzen Erdkreis.

(Ovid, Metamorphosen 15, 177)

mūtāre, mūtō ändern, verändern, wechseln – zu **mutari** vgl. p. 35!
trāns mit Akkusativ über … hinweg, jenseits
mărĕ, mărĭs n. Meer
cŭrrĕrĕ, cŭrrō laufen, rennen, eilen
ille, illa, illud ist hinweisendes Pronomen: *jener, jene, jenes.*
cunctī, cunctae, cunctă alle, alles
flŭĕrĕ, flŭō fließen
tōtus, a, um ganz
pĕrstārĕ, perstō fest stehen, stehen bleiben, Bestand haben
nihil, quod pérstĕt: nichts von solcher Art, dass es Bestand hat. **Relativsatz mit dem Konjunktiv**, der seinen Grund in dem **konsekutiven Sinn** der Aussage hat **(konsekutiv: so … dass)** vgl. p. 46!

Da wir wieder **Hexameter** vor uns haben, noch etwas zum **Thema Hexameter**!
Natürlich hat das Metron, d. h. der Takt oder der Versfuß, der diesen Vers charakterisiert, auch einen Namen. Es ist der **Dáktylus (lang, kurz, kurz)**.

Griechisch **daktylos** ist *der Finger.* Wieso heißt ein Vers*fuß Finger*? Vom Handrücken her hat jeder Finger erst ein längeres und dann zwei kürzere Glieder. So einfach ist das bei den Griechen!
Das Wort **dáktylos** selbst ist natürlich auch ein schöner Daktylus (– ᴗ ᴗ).

In den Takten, in denen die zwei Kürzen durch eine Länge ersetzt werden, haben wir einen Versfuß vor uns, der **Spondēus** heißt (– –).
Etwas verwirrend kann es im Anfang schon sein, wenn man feststellt, dass die **lange Silbe** des Daktylus oder die **Längen** des Spondeus durchaus **einen kurzen Vokal** enthalten können.
Ich muß hier an das erinnern, was ich schon in p. 4 (unten) über die sogenannte **Positionslänge** gesagt habe. Wenn zwischen dem kurzen Vokal und dem nächsten Vokal **zwei** Konsonanten gesprochen werden müssen, **dauert** das für ein musikalisch empfindliches Ohr genau so lange, als wenn ein langer Vokal zu intonieren wäre.

In den Versen oben habe ich mehrmals **eine Silbe mit kurzem Vokal** unterstrichen und damit als die **Länge** deutlich gemacht, mit der der Daktylus (oder der Spondeus) beginnt.

Zum Schluss als Bonbon einige deutsche Hexameter des Homer-Übersetzers **Johann Heinrich Voß (1751 – 1826)**

Nenne mir, Muse, die Taten des vielgewanderten Mannes …
Und sie erhoben die Hände zum lecker bereiteten Mahle …
Hurtig mit Donnergepolter entrollte der tückische Marmor.

Das ist für uns doch einfacher zu lesen!

Pensum undēquīnquāgēsimum

Servā mē, servābō tē.

Rette mich, ich werde dich retten.

(Petron, Satyrica 44, 3)

Mediō tūtíssimus ībis.

In der Mitte wirst du am sichersten gehen.

(Ovid, Metamorph. 2, 137 – So rät Helios seinem Sohn Phaeton vor der Fahrt mit dem Sonnenwagen.)

Quī fŏdĭt fóvĕăm,
íncĭdĕt in ĕăm.

Wer eine Grube gräbt,
wird in sie hineinfallen.

(Vulgata, Sprüche 26, 27)

Quĭs cŭstōdĭĕt ipsōs cŭstōdēs?

Wer wird die Wächter selbst bewachen?

(Juvenal, Saturae 6, 347 f.)

Crās lĕgăm.

Morgen werde ich (es) lesen.

(Sueton, Vita Divi Iulii 81, 4)

Caesars Worte, als man ihm am Tag seiner Ermordung einen Zettel mit einer Warnung zusteckte.

Crās vīvēs? hŏdĭē iam vīvĕre,
Póstume, sērum est.

Morgen wirst du leben? heute zu leben,
Postumus, ist schon zu spät.

(Martial, Epigramme 5, 58, 7)

Anĭmŭlă văgŭlă blăndŭlă,
hŏspēs cŏmĕsquĕ córpŏrĭs,
quae nunc ăbībĭs in lŏcă
pallĭdŭlă rĭgĭdă nūdŭlă
nĕc ut sŏlēs dăbĭs iŏcōs.

Kleine Seele, unstet, schmeichelnd,
Gast und Gefährtin des Leibes,
die du nun weggehen wirst zu Orten
bleich, starr und nackt,
und nicht, wie du gewohnt bist,
deine Scherze machen wirst.

(Historia Augusta [Aelius Spartianus], Vita Hadriani 25, 9)

Mit diesen Versen voll zärtlicher Verkleinerungsformen auf den Lippen soll Publius Aelius **Hadrianus**, Philosoph und Poet auf dem Thron der Caesaren, 138 n. Chr. gestorben sein.

Hier treten Verbformen im **Futur auf.** Die Futurformen der **ā-** und der **ē-** Konugation sind an den Endungen -**bō**, -**bĭs**, -**bĭt**, -**bĭmŭs**, -**bĭtĭs**, -**bŭnt** leicht zu erkennen.

Das gilt auch für **īrĕ, ĕō** *gehen* – Futur **ibo, ibis, ibit, ibimus, ibitis, ibunt.**

Die Futurformen der konsonantischen und der **ī**-Konjugation haben die Endungen **-am, -ēs, -et, -ēmŭs, -ētĭs, -ĕnt.** Sie sind dadurch von Präsens- und Konjunktivformen anderer Konjugationen oft nicht leicht zu unterscheiden.

tutus, a, um sicher – **tutissimus** Superlativ, prädikativ gebraucht
fŏdĕrĕ, fŏdiō graben
fŏvĕă, ae f. Grube
incĭdĕrĕ, íncĭdō hineinfallen (zu **cădĕre, cădō** fallen)
cŭstōdīre, cŭstōdĭō bewachen
cŭstōs, custōdĭs m. f. Wächter, Wächterin
crās Adv. morgen
lĕgĕre, lĕgō lesen
vivere, vivo leben
hŏdĭē Adv. heute
sērus, a, um spät, zu spät
ănímŭlă, ae f. Diminutiv (Verkleinerungsform) zu **ánĭmă** Seele
văgŭlŭs, a, um Diminutiv zu **văgŭs, a, um** umherschweifend
blăndŭlus, a, um Diminutiv zu **blăndus, a, um** schmeichlerisch
hŏspēs, hóspĭtĭs m. f. Gast
cŏmĕs, cŏmĭtĭs m. f. Begleiter
abīrĕ, ábĕō weggehen
păllĭdŭlŭs, a, um Dim. zu **pállidus, a, um** bleich
rĭgĭdŭs, a, um starr
nūdŭlus, a, um Dim. zu **nūdus, a, um** nackt
sŏlēre, sŏlĕō pflegen, gewohnt sein
iŏcŭs, i m. Scherz – **iŏcōs dăre** Scherze machen

Pensum quīnquāgēsimum

Invĕnĭăm vĭăm aut mūnĭăm. *Finden werde ich den Weg oder ihn bahnen.*
(Anonym)

Nātūrăm expĕllās furcā, tămĕn ūsquĕ rĕcŭrrĕt. *Die Natur magst du mit der Mistgabel austreiben, sie wird dennoch immer zurückkehren.*
(Horaz, epist. 1, 10, 24)

Erĭtĭs sīcŭt diī sciéntēs bŏnŭm et mălŭm. *Ihr werdet sein wie Götter, wissend das Gute und das Böse.*
(Vulgata, 1. Mose 3, 5)

Quī pótĕrĭt sānŭm fingĕrĕ, sānŭs ĕrĭt. *Wer einen Gesunden mimen kann, wird gesund sein.*
(Ovid, Remedia amoris 504)

Labōrā, ăsĕllĕ, lăbŏr hĭc tibi prōdĕrĭt ŏlĭm. *Arbeite, Eselchen, diese Mühe hier wird dir einst nützen.*
(Inschrift in Pompeii)

Nābĭs sĭnĕ cŏrtĭce. *Du sollst ohne Kork schwimmen.*
(Horaz, Serm. 1, 4, 120)

Post cēnăm stābĭs vĕl mīlle păssūs mĕābĭs. *Nach dem Essen sollst du stehen oder tausend Schritte gehen.*
(Mittelalterl. Spruch – bei Hans Walther Nr. 21983)

Futurformen von **esse: ĕrō, ĕrĭs, ĕrĭt – érĭmŭs, érĭtĭs, ĕrŭnt**

mūnīre, mūnĭō mauern, schanzen, befestigen – siehe auch p. 43!

viam munire ***eine Straße bauen*** ruft uns die große Kulturleistung des römischen Straßenbaus in die Erinnerung. Noch heute künden in Italien und darüber hinaus die alten Namen **Via Flaminia, Via Appia, Via Aurelia** von der jetzt mehr als zwei Jahrtausende zurückliegenden enormen Straßenbau-Kunst.

Die Wendung **vĭăm stĕrnĕrĕ** ***einen Weg (mit Schotter und Steinen) bedecken, ihn pflastern*** hat zu der Bezeichnung **vĭă strātă** (Partizip Perfekt von sternere) geführt. Als die germanischen Völker mit den Römern in Berührung kamen, haben sie sehr früh schon die Technik und die Bezeichnung von den Römern entlehnt. Noch heute sagt man ***street, strate*** und, ins Hochdeutsche verschoben, ***Straße.***

ĕx-pĕllĕrĕ, ĕxpĕllō heraustreiben, vertreiben – konzessiver (einräumender) Konjunktiv
fŭrcă, furcae f. Forke, Mistgabel
tămĕn doch, dennoch, gleichwohl
ūsquĕ immer
rĕ-cŭrrĕre, rĕcŭrrō zurücklaufen, zurückkommen
fingĕrĕ, fingo erfinden, erdichten
poterit Futur von posse
ăséllus, i m Eselchen (Diminutivform zu **ásĭnus, i m.** Esel)
cŏrtĕx, cŏrtĭcĭs m. Rinde, besonders die Rinde des Korkbaums, der Kork
nāre, nō schwimmen

Die Futurform der 2. Person hat oft einen imperativischen Sinn: ***du sollst schwimmen.*** In der lateinischen Übersetzung des Alten Testaments werden die Zehn Gebote z. B. im Futur formuliert: Non habebis deos alienos coram me, ***du sollst keine fremden Götter neben mir haben*** **(Liber Exodi 20, 3).**

pŏst Präposition mit Akkusativ nach
cēnă, cēnae f. Mahlzeit, Essen
stārĕ, stō stehen – **vĕl** oder – **mĕārĕ, mĕō** gehen
mīllĕ tausend **Plural mīlĭă**
păssŭs, passūs m. Doppelschritt (1, 5 m) – Plural **passūs** (Nom., Akk.)
MILLE PASSUS (1,5 km) wird übersetzt mit dem Begriff **„eine Meile“**, einem Lehnwort aus dem Plural **mīlia.**

Pensum quīnquāgēsimum prīmum

Érăm, quod ēs, ĕrĭs, quod sŭm. — *Ich war, was du bist, du wirst sein, was ich bin.*
(Grabinschrift)

Quŏd ĕrăt dēmōnstrăndŭm. — *Das war zu beweisen.*
(Lateinische Version eines griechischen Satzes, Euklid zugeschrieben, im Mittelalter belegt)

In prīncĭpĭō erat verbum. — *Im Anfang war das Wort.*
(Johannesevangelium 1, 1)

Per sē dăbăt omniă tĕllūs. — *Von sich aus gab alles die Erde.*
(Ovid, Metamorphosen 1, 102, Schilderung des goldenen Zeitalters)

Iămque quiĕscēbănt vōcēs hŏmĭnŭmquĕ cănŭmquĕ. — *Und schon schwiegen die Stimmen von Menschen und Hunden.*
(Ovid, Tristien 1, 3, 27/Beschreibung der Nacht vor seiner Abreise ins Exil)

Dărĕm, inquit, nĭsī sōlērēs per tē sūmĕrĕ. — *Ich gäbe, sagte er, wenn du nicht von dir aus zu nehmen pflegtest.*
(Phaedrus, Fabeln 2, 1)

Von den Témpora, die vom Präsensstamm des Verbs gebildet werden, kennen wir bisher nur das **Imperfekt** noch nicht. – **Imperfekt** heißt wörtlich ***nicht vollendet.***
Im Imperfekt (Indikativ) wird eine vergangene Handlung beschrieben, die sich im Verlauf befindet, die einen Zustand darstellt, der noch andauert oder der sich wiederholt.

Bei **esse** ist wie beim Futur das -**s**- zwischen den Vokalen zu einem -**r**- geworden. Das **Imperfekt** von **esse** lautet im **Indikativ:**
érăm, érās, érăt, ĕrāmus, ĕrātis, érant.

Man erkennt die **Imperfektformen des Indikativs aller Konjugationen** leicht an der Silbe **-ba-**, die zwischen Stamm und Personen-Endung eingefügt ist. Es heißt also etwa: **orā-ba-m, vidēbās, ăgēbăt, audiēbāmus, gaudēbātis, stābant** – und im Passiv: **delectābar, mutābāris, vidēbātur, ducēbāmur, timēbāmĭnī, adiuvābántur.**

Natürlich gibt es auch einen **Konjunktiv des Imperfekts,** der uns im Übrigen viel öfter begegnen wird als der Indikativ. Er wird gebraucht, um **irreale Aussagen** zu machen (wie oben). – Auch **unerfüllbare Wünsche** werden im Konjunktiv Imperfekt ausgedrückt (s. P. 52). Beim Imperfekt Konjunktiv werden die Personalendungen **an den Infinitiv angehängt: ăgĕrĕm, vellem, essem, dīcĕrēs, făcĕrĕt** usw.

Die letzte Sentenz oben stammt aus einer Fabel des römischen Dichters **Phaedrus** (s. P. 153). In der Fabel II, 1 hat ein Löwe einen jungen Stier erlegt und verweigert einem Räuber mit dem Satz oben einen Anteil an der Beute, während er bald darauf einem armen Wanderer etwas davon abgibt.

quod statt **id** oder **hoc** wie in p. 39
dēmōnstrāre beweisen, zeigen
prīncĭpĭŭm, i n. Anfang, Beginn, Ursprung
dărĕ, dō geben
tĕllūs, tĕllūrĭs f. die Erde
iam schon
-que (angehängt) und
-que. …-que (angehängt) wie **et … et** sowohl … als auch, und
quiéscĕrĕ, quiesco ruhig werden, verstummen
vōx, vōcĭs f. Stimme
ĭnquĭt sagt(e) er, (Einschub in die wörtliche Rede); außer **inquit** ist nur noch **inquam** *sagte ich* gebräuchlich
sŏlērĕ, sŏlĕō gewohnt sein, etwas zu tun pflegen
sūmĕrĕ, sūmō nehmen

Pensum quīnquāgēsimum áltĕrum

Sponte suā carmen nŭmĕrōs vĕnĭēbat ad aptōs,
quidquid temptābam dīcĕrĕ, versŭs ĕrăt.

Von sich aus kam das Lied zu den richtigen Takten, alles was ich zu sagen versuchte, war Vers.

(Ovid, Tristien 4, 10, 25 f.)

Tam fēlix utinam quam pĕctŏrĕ căndĭdŭs ĕssĕm.

O wäre ich doch so glücklich wie rein im Gewissen.

(Ovid, epistulae ex Ponto 4, 14, 43)

Irus est subitō, quī mŏdŏ Croesus ĕrat.

Irus ist plötzlich, der eben noch Krösus war.

(Ovid, Tristien 3, 7, 42 – Pentameter!)

Bărbărŭs hīc ĕgŏ sŭm, quī nōn ĭntĕllĕgŏr ŭllī.

Ein Barbar bin ich hier, der ich von keinem verstanden werde.

(Ovid, Tristien 5, 10, 37)

Linguă, sĭlē! Non est ultrā narrābĭlĕ quicquam.

Zunge, schweige! Es gibt darüber hinaus nichts Erzählenswertes.

(Ovid, Epist. ex Ponto 2, 2, 59)

In der elegischen Dichtung verbinden sich ein Hexameter und ein Pentameter zu einem Verspaar, **Distichon** genannt. Text 1 oben ist ein Distichon. Der **Pentámeter** (Fünfmaß) besteht aus zweimal zweieinhalb Daktylen (oder Spondeen), quasi aus zwei ersten Hälften eines Hexameters.

Die **Trístien** (Lieder der Trauer) sowie die **Epĭstŭlae ex Pontō** (Briefe vom Schwarzen Meer) schrieb **Ovid (43 v. Chr. – 16 n. Chr.)** im Exil. **Augustus** hatte aus Gründen, die wir nicht kennen, im Jahr 8 n. Chr. Ovids **relegatio** (Ausweisung aus Rom) verfügt und als Aufenthaltsort des verbannten Dichters die Stadt **Tŏmī** an der heute rumänischen Westküste des Schwarzen Meeres bestimmt. Das Schwarze Meer hieß in der Antike der **Pontus**

Euxīnus, das gastliche Meer. Ovid litt bitter an der Entfernung von Rom, von Familie und Freunden, obwohl die Einwohner von Tomi ihn schätzten und ehrten. Er ist dort nach achtjähriger Verbannung gestorben.

spŏntĕ Abl. Sing. (mit **meā, tuā, suā** etc. verbunden) aus eigenem Antrieb, ***spontan***
cărmĕn, cárminis n. Lied, Gedicht
nŭmĕrŭs, numerī m. Zahl, Takt, Rhythmus
Dass **numerōs** zu **ad aptōs** gehört, wird durch die **Endungen** sichtbar! (ad numeros aptos)
aptus, a, um passend, geeignet, angemessen
temptāre, temptō versuchen
versus, versūs m. Vers
tam … quam so … wie
ŭtĭnăm (Konjunktion mit dem Konjunktiv) dass doch, wenn doch, möchte doch
căndĭdŭs, a, um blendendweiß, rein, aufrichtig
pĕctŭs, pĕctŏrĭs n. Brust; Inneres: Herz, Geist, Gewissen
Der Ablativ **pĕctŏrĕ** beantwortet die Frage: **In Bezug auf was** *rein*? **Der Ablativ der Beziehung oder līmitātionis** fällt im weiteren Sinne auch unter die Funktion des Ablativs als **Instrumentalis.**
Irus: Name eines Bettlers am Hof des sagenhaft reichen Königs **Krösus** von Lydien
sŭbĭtō Adverb plötzlich
modo Adverb eben noch
bărbărŭs, barbarī m. Barbar (so bezeichneten die Griechen einen Menschen, dessen Sprache sie nicht verstanden)
ĭntĕllĕgĕrĕ, intéllego verstehen
intéllegor ich werde verstanden, bin zu verstehen
ullus, a, um irgendein/e (adjektivisch) und **quisquam m. f. quicquam n.** irgendeiner, irgendetwas (substantivisch) verallgemeinernde Pronomina in <u>verneinten</u> Aussagen/**ŭllī** ist **Dativ** Sing.: ***für keinen bin ich verständlich***
lingua, ae f. Zunge, Sprache **sĭlēre, sílĕō** schweigen
ultrā (Präposition, Adverb) jenseits, darüber hinaus
narrābilis, e erzählenswert

Pensum quīnquāgēsimum tertium

Mōribus antīquīs rēs stăt Rōmāna vĭrīsque. *Auf den alten Sitten steht der römische Staat und auf seinen Männern.*

(Ennius, überliefert bei Augustinus, de civitate Dei 2, 21)

Tăntae mōlĭs ĕrăt Rōmānăm cŏndĕrĕ gĕntĕm. *So große Mühe war es, das römische Volk zu begründen.*

(Vergil, Aeneis I, 33)

SPQR = SĔNĀTUS PŎPŬLŬSQUE RŌMĀNUS *Der Senat und das Volk von Rom.*

Der Herkunft und der Geschichte des eigenen Volkes galt in Rom schon um 200 v. Chr. das Interesse der frühesten Schriftsteller lateinischer Sprache. **Cato maior** (s. p. 55) verfasste die ***Origines***, **Ennius** (s. p. 56) seine umfangreichen ***Annales***. – **P. Vergilius Maro** beschrieb zwei Jahrhunderte später in seinem großen Epos ***Aeneis*** die beschwerlichen Irrfahrten des römischen Stammvaters Aeneas auf seinem Weg von Troja bis an die Küste Latiums.

Die Buchstaben **SPQR** trifft man noch heute in Rom auf Schritt und Tritt an allen öffentlichen Gebäuden und selbst auf jedem Kanaldeckel an. Vor zweitausend Jahren war es nicht anders. Auch die Feldzeichen der römischen Heere trugen dieses Zeichen.

Seit nach der Überlieferung der letzte König Tarquinius Superbus 510 v. Chr. vertrieben worden war, hieß der römische Staat **rēs publica** = **rēs pŏpŭlī** *die öffentliche Sache, die Sache des Volkes*, oder einfach **rēs Rōmānă**.

Das beständige Regierungsorgan war der **Senat**. Dem Namen nach ist das der ***Rat der Alten*** (**sĕnĕx, sĕnĭs m.** der alte Mann). Ihm gehörten die Vertreter der großen Familien Roms an, ursprünglich nur **Patrizier**, später auch **Plebejer**. Die Senatoren hatten alle vorher eines oder mehrere Staatsämter innegehabt, sie wurden von den **Zensoren**, den angesehensten aller Beamten, in den Senat berufen. Die Zahl der Senatoren, anfangs hundert, wuchs in späteren Zeiten auf 600 und mehr an. Die Senatsversammlungen berieten über alle Staatsangelegenheiten und fassten Beschlüsse (**sĕnātūs cōnsŭltŭm**).

Angeredet wurde der versammelte Senat immer mit der Wendung **pătrēs cōnscrīptī,** das heißt: Patrizier (und) Beigeordnete.

Das Volk trat in den **cŏmĭtĭă (n. pl.)**, den Volksversammlungen, zusammen, von denen die **cŏmĭtĭă trĭbūtă** die wichtigsten waren. Sie hatten ihren Namen von den **trĭbūs (plur. f.)**, den Stadtvierteln, wörtlich – ***dritteln,*** und stimmten nach Kopfzahl ab. Die Beschlüsse der Tributkomitien hatten Gesetzeskraft. Ein **Plebiszít,** das war ein Beschluss der Tributkomitien, konnte einen Senatsbeschluss aufheben. **Tribúnen** waren ursprünglich die Vorsteher einer **trĭbŭs.** Zehn **trĭbūnī plēbĭs (plēbs, plēbĭs f.** *das Volk*) nahmen an den Senatsversammlungen teil. Sie konnten durch ihr **vĕtō** Senatsbeschlüsse verhindern. **vĕtārĕ, vĕtō** heißt *verbieten, Einspruch erheben.* Die Tribunen waren **săcrōsănctī**, das heißt, sie durften nicht angegriffen und nicht vor Gericht gezogen werden.

Die **cŏmĭtĭă cĕntŭrĭātă**, hervorgegangen in alter Zeit aus den **cĕntŭrĭae,** den Hundertschaften des Heeres, waren die Versammlung des Besitzbürgertums. Hier wurden **die hohen Beamten** gewählt, die sich in der **tŏgă căndĭdă**, der weißen Toga, vorstellten und deshalb **căndĭdātī** genannt wurden. Die Zenturiatskomitien fassten auch Beschlüsse über Krieg und Frieden.

mōs, mōrĭs m. Sitte, Brauch
antīquus, a, um alt
stārĕ, stō stehen, Bestand haben (durch etwas)
vĭr, vĭrī m. Mann
mōlēs, ĭs f. Masse. Last, Anstrengung
tantae mōlĭs Gen. qualitatis: es war (eine Sache) von so großer Mühe
cŏndĕrĕ, cŏndō gründen (**con-** und **dăre** zusammentun, -geben)
gēns, gĕntĭs f. Volk, Stamm, Geschlecht

Pensum quīnquāgēsimum quartum

Antĕā in pătrĭbŭs summă auctōrĭtās erat, vīs multō măxŭmă in plēbĕ.

Früher lag bei den Senatoren das höchste Ansehen, die bei Weitem größte Gewalt beim Volk.

(Sallust, ep. ad Caesarem 2, 5, 1)

Vĭdĕānt cōnsŭlēs, nē quid dētrīmentī căpĭăt rēs pūblĭcă.

Die Konsuln mögen zusehen, dass der Staat keinen Schaden nimmt.

Mĭnĭmă nōn cūrăt praetŏr.

Die ganz kleinen Dinge besorgt der Prätor nicht.

(nach Digesta 4, 1, 4)

Die zweite Sentenz ist bekannt als das **últĭmŭm sĕnātūs cōnsúltum** ***der letzte (äußerste) Senatsbeschluss*** in Staatskrisen, eine Art Notstandserklärung.

Seit Beginn der Republik – 510 v. Chr. – leiteten anstelle der früheren Könige **zwei Konsuln** das römische Staatswesen.

Alle hohen Ämter **(măgĭstrātūs)** waren in Rom Ehrenämter **(hŏnōrēs)**, die durch Wahl für jeweils die Dauer **eines Jahres** verliehen wurden.

In sorgfältig geführten Jahreslisten – **fāstī** genannt – wurden die Namen der Konsuln festgehalten. Für Zeitangaben griff man in Rom immer auf die Namen der beiden Konsuln des betreffenden Jahres zurück. Die **fāstī cōnsŭlārēs,** die Konsuln-Listen, sind bis zum Jahr 354 nach Christus weitergeführt worden.
Die beiden Konsuln beriefen den Senat und die Volksversammlung ein und hatten Verantwortung und Entscheidungsgewalt in der Stadt und beim Heer. Sie waren im Krieg die Heerführer. Beim Auftreten in der Öffentlichkeit wurden sie stets von **zwölf Liktoren** (Staatsdienern) begleitet, die ihnen als Zeichen ihrer Befehlsgewalt **(impĕrĭŭm)** die **fāscēs** vorantrugen, das sind Rutenbündel mit einem Beil. (Die Bewegung, die Benito Mussolini 1915 in Italien gegründet hatte und die 1922 dort für zwei Jahrzehnte die Macht übernahm, hatte die **fasces**, die altrömischen Rutenbündel, zu ihrem Symbol erkoren und nannte sich **fascismo, Faschismus**!)

Ein anderes hohes Amt mit **impĕrĭŭm (und sechs Liktoren)** war das der Prätoren. Die **praetōrēs** waren für das Gerichtswesen zuständig, der **praetŏr urbānŭs** für Prozesse zwischen römischen Bürgern und politische Prozesse, der **praetŏr pĕrĕgrīnŭs** für Prozesse, an denen Nicht-Bürger beteiligt waren. Die Prätoren vertraten die Konsuln, wenn sie abwesend waren. Sie waren auch für die **custōdĭă urbĭs**, die Sicherung der Stadt verantwortlich. Die Legionen der Konsuln durften die Stadt nämlich nicht betreten außer zu einem genehmigten Triumphzug.

ăntĕā vorher, früher
auctōrĭtās, tātĭs f. Ansehen, Würde, Bedeutung – Fremdwort ***Autorität***
multō Abl. mensurae (des Maßes) um vieles, bei weitem
măxŭmus, a, um (alte Form von **maximus, a, um**) der größte
cōnsŭl, cōnsŭlĭs m. der Konsul
dētrīmentum, dētrīmentī n. Schaden/**quid detrimenti** irgendetwas an Schaden
căpĕrĕ, căpĭō nehmen
mĭnĭmŭs, a, um der kleinste – **Superlativ** zu **parvus, a, um** klein; **mĭnŏr, mĭnŭs** kleiner. Der Superlativ kann auch den Sinn ***sehr klein*** haben.
cūrārĕ, cūrō etwas besorgen, sich um etwas kümmern
praetŏr, praetōrĭs m. der Prätor

Pensum quīnquāgēsimum quīntum

Orātor est, Marce fīlī,	*Ein Redner ist, mein Sohn Markus,*
vĭr bŏnŭs dīcendī perītus.	*ein tüchtiger Mann, im Reden erfahren.*
	(Cato, Ad Marcum filium, fragm. 370)

Sermō dătŭr cunctīs, ănĭmī sapiéntia paucīs. *Sprache wird allen gegeben, Weisheit des Herzens wenigen.*

(Catonis Disticha 1, 10, 2 B)

In diesen Sentenzen lernen wir **Cătō māiŏr**, den älteren Cato, kennen.
Der vollständige Name lautet: **Marcus Pórcius Cătō Cēnsōrĭŭs.**

So umfangreich sind römische Namen oft.
Marcus (M.) ist das ***praenōmen***, der Vorname,
Pórcius ist das ***nōmen gentīlĕ***, der Gentílname, der angibt, zu welcher der großen Familien oder Geschlechter (**gēns, gĕntĭs f.** das Geschlecht) der Namensträger gehört.
Cătō ist das **cōgnōmen**, der Beiname, der einem gewissen ***Teil*** der großen **gēns Pórcia** eigen ist.
Wegen seiner Verdienste als Zensor hat M. Porcius Cato noch den persönlichen Beinamen **Cēnsōrĭŭs** erhalten.

Wenn man von einer Persönlichkeit aus den alten römischen gĕntēs spricht, wird meistens nur das cōgnōmen gebraucht, z. B. C. Iulius Caesar, M. Tullius Cícĕrō, Publius Cornēlius Scīpiō. Das ist etwa so, als wenn wir mit dem Familiennamen über Goethe oder Schiller sprechen.

Cătō (geb. 234 v. Chr., gest. 149) ist der erste römische Patrizier, der nicht nur in der Politik eine Rolle gespielt hat, sondern auch Schriftsteller gewesen ist. Sein Geschichtswerk **Orīgĭnēs** *Ursprünge* ist nicht erhalten, von seinen Lehrschriften jedoch das Werk **Dē ăgrĭcŭltūrā** *Über den Ackerbau*. Bei späteren Schriftstellern wird viel aus den Schriften Catos zitiert.

55

Ich verdeutliche am Beispiel von Catos Lebenslauf den römischen **cursŭs hŏnōrŭm, die Ämterlaufbahn.**

204 war Cato einer der zwei **quaestōrēs** (für Finanzen und Archive zuständig).
199 war er **aedīlĭs Ädil** (zuständig für die öffentliche Ordnung, Polizei).
198 war er **praetor,** also Gerichtspräsident.
195 war er **cōnsul.**
184 hatte er das hohe Amt des **Zénsors** inne. Die Zensóren wurden nur alle fünf Jahre gewählt, und zwar für eine Amtszeit von eineinhalb Jahren. Sie führten die Vermögensschätzungen zur Aufstellung der Steuerlisten durch. Ihnen oblag die Verpachtung der Staatsländereien und der öffentlichen Einkünfte. Sie hatten auch die Aufsicht über die öffentliche Moral. Cato sorgte nicht nur für die Einführung einer Luxussteuer, sondern schloss auch in seiner Amtszeit sieben Senatoren wegen Unmoral bzw. Bestechlichkeit aus dem Senat aus.

ōrātŏr, ōrātōrĭs m. der Redner
fīlĭŭs der Sohn hat den Vokativ **fīlī**, oft mit dem Pronomen: **mī fīlī** mein Sohn
pĕrītŭs, a, um mit dem Genitiv (einer Sache) kundig, erfahren in etwas
dīcĕrĕ, dīcō sagen, sprechen, reden
Der **Infinitiv** wird durch Formen **dekliniert**, die wir **Gerúndium** nennen – s. p. 57. Die Kasūs sind: **Gen. dīcendī**, Dat. **dīcendō,** Akk. **ad dīcendum,** Abl. **dīcendō.**
sĕrmō, sermōnĭs m. Gespräch, Rede, Sprache
cunctī, ae, a alle
sapiéntia, sapiéntiae f. Weisheit

Pensum quīnquāgēsimum sextum

Sălūs pūblĭcă suprēmă lēx estō. *Das Gemeinwohl sei das oberste Gesetz!*

(Nach Cicero, De legibus 3, 8)

Ūnŭs hŏmō nōbīs cunctandō rĕstĭtŭĭt rĕm. *Ein einziger Mann hat uns durch Zögern den Staat erhalten.*

Noenum rūmōrēs pōnēbăt ante sălūtĕm. *Niemals gab er Gerede den Vorzug vor Rettung.*

(Ennius, zitiert bei Cicero, de senect. 10; de off. 1, 84)

Mit den zwei Versen der zweiten Sentenz sind wir bei einer konkreten historischen Situation und bei einem Autor, den wir schon mit seinem Vers **moribus antiquis res stat Romana virisque** kennengelernt haben (p. 53).

Es ist der Dichter **Quintus Ennius (239 – 169 v. Chr.)** aus Rudiae, heute Rugge, in Kalabrien, der neben seiner oskischen Muttersprache auch das Lateinische und Griechische beherrschte und im Jahr 204 von **M. Porcius Cato** veranlasst wurde, nach Rom zu kommen. Dort war er als Hauslehrer und als Übersetzer griechischer Dichtung tätig, fand Zugang zu dem Freundeskreis des für die griechische Literatur begeisterten Feldherrn **Publius Cornelius Scipio,** der den 2. Punischen Krieg schließlich auf afrikanischem Boden siegreich beendete. Ennius wurde 184 römischer Bürger.
Von seinem eigenen umfangreichen Werk sind nur **Fragmente** auf uns gekommen. Er hat eine Reihe von Dramen geschrieben, deren Hauptthema der Trojanische Krieg war. Sein großes episches Werk waren die **Annales,** in denen er in 18 Büchern die römische Geschichte von der Ankunft des aus Troja entkommenen Aeneas in Italien bis in seine eigene Zeit darstellte. Es war die erste lateinische Dichtung in **Hexametern.**

Die Ennius-Sentenz ist ein Fazit aus selbst erlebter Geschichte. Wahrscheinlich hat Ennius am 2. Punischen Krieg teilgenommen. – **218** war der karthagische Feldherr **Hannibal** mit seinem Heer und einer großen Zahl von Kriegselefanten von Spanien her über die Alpen nach Italien gekommen. Dreimal besiegte er innerhalb kurzer Zeit römische Heere. Da berief im Jahr 217 die Volksversammlung den schon 58-jährigen ehemaligen Konsul und Zensor **Quintus Fabius Maximus** in das Amt des **Diktators,** ein Amt, das nur in höchster Gefahr vergeben wurde, das einem einzigen Mann alle Gewalt übertrug und auf sechs Monate begrenzt war. Seine Taktik wurde es, Hannibal hinzuhalten und keine Schlacht mit ihm zu suchen. Trotzdem entgingen die Römer nicht der schlimmsten Niederlage in ihrer Geschichte, der Schlacht bei **Cannae** in Süditalien im Jahre 216. Da Hannibal zu ihrem Glück nicht auf Rom losmarschierte, hielten die Römer auch in den Jahren darauf an der Hinhaltetaktik fest, die sich schließlich als erfolgreich erwies. Q. Fabius Maximus wurde in dieser Zeit noch dreimal Konsul (215, 214 und 209). Ihm wurde der Beiname **Cunctator** ***der Zauderer*** gegeben.

sălūs, sălūtĭs f. Wohl, Heil, Rettung
sŭprēmus, a, um der, die, das oberste, höchste
lēx, lēgĭs f. Gesetz
estō! Imperativ: du sollst sein! er soll sein!
cunctāri, cunctōr zögern, zaudern (passive Formen, akt. Bedeutung)
cunctandō Ablativ des Gerundiums, s. p. 57!
rĕstĭtŭĕrĕ, restítuo wiederherstellen, zurückgeben, in den alten Zustand versetzen – **restítuit ist Perfekt**, zufällig stimmt es mit der Präsensform überein.
noenum = ne unum = non (nur bei Ennius belegt), ich höre heraus: *nicht ein einziges Mal*
rūmŏr, rūmōrĭs m. Geräusch, Murmeln, unverbürgte Nachricht, Gerücht, Meinung
pōnĕre, pōnō setzen, stellen, legen – **ăntĕ** Präp. mit Akkusativ vor
antepōnĕrĕ als Kompositum: voransetzen, vorziehen

Pensum quīnquāgēsimum séptimum

Dēlīběrăndō díscĭtŭr săpĭéntĭă. *Durch Überlegen wird Weisheit gelernt.*
(Publilius Syrus, Sent. D 17)

Căvĕndī nullă est dīmitténdă occāsĭō. *Sich in acht zu nehmen, darf keine Gelegenheit versäumt werden.*
(Publilius Syrus, Sent. C3)

Mŭltă īgnōscĕndō fit pŏtēns pŏtĕntĭŏr. *Dadurch, dass er viel verzeiht, wird der Mächtige mächtiger.*
(Publilius Syrus, Sent. M 42)

In iūdĭcándō crīmĭnōsă est cĕlĕrĭtās. *Beim Urteilen ist Schnelligkeit verdächtig.*
(Publilius Syrus, Sent. I 25)

Ad paeniténdum prŏpĕrăt, cĭto quī iūdĭcăt. *Zum Bereuen kommt eilig, wer schnell urteilt.*
(Publilius Syrus, Sent. A 32)

Temptándō cunctă caecī quŏquĕ tūtō ámbŭlănt.
Dadurch, dass sie alles abtasten, gehen auch Blinde sicher umher.
(Publilius Syrus, Sent. T 6)

Das **Gerundium** – mit dem **-nd- Suffix** aus dem Präsensstamm gebildet, steht formal dem Gerundivum nahe, hat jedoch eine andere Funktion.
Durch die Formen des Gerundiums lässt sich der Infinitiv Präsens Aktiv deklinieren.
Auch unsere Sprache kennt den substantivierten Infinitiv. Er nimmt bei uns wie jedes Substantiv Attribute zu sich: *durch kluges Fragen; das Erkennen eines alten Unrechts usw.* – Im Unterschied dazu behält das lateinische Gerundium seinen Charakter als **Verb** insofern bei, als es sich mit **Abverbien und Objekten** verbindet.

Publīlius Syrus, der Autor dieser Sentenzen, ist uns schon öfter begegnet. Er stammte aus Antiochia in Syrien und lebte im 1. Jahrhundert vor Christus wohl zunächst als Sklave (Syrus!), dann als Freigelassener in Rom. Als Dichter auf dem Gebiet des volkstümlichen Theaters gelangte er zu einzigartigem Ruhm. **Mīmŭs** (Nachahmung) nannte man diese Kunst, die Szenen aus dem Alltagsleben gestaltete und die – teilweise in Form von Stegreifstücken – auf Straßen und Plätzen in Rom dargeboten wurde. Als Sieger in Wettbewerben erhielt Publilius den Ehrentitel des **Archimimus,** d. h. des Erzmimen. Während von seinen Stücken nichts erhalten ist, wurden schon früh viele Sentenzen aus den Werken des Publilius gesammelt, die dem Publikum gefielen. Etwa 700 solche Sprüche sind überliefert. Sie wurden schon im Altertum im Schulunterricht benutzt.
Alle haben die gleiche **Versform,** den **sechsfüßigen Jámbus, Senár** genannt (von **sēnī, ae, a** *je sechs*). Das war das übliche Versmaß der antiken Theaterstücke. Der **Jambus (kurz, lang)** steht von allen Versmaßen dem natürlichen alltäglichen Sprechen am nächsten. Die Füllung der Verse mit Silben ist bei Publilius oft sehr großzügig. Dazu mehr unter p. 109.

dēlībĕrāre, deliberō erwägen, überlegen
dīmĭttĕrĕ, dimíttō wegschicken, entlassen, vorübergehen lassen
occāsĭō, ōnĭs f. Gelegenheit
īgnōscĕrĕ, ignoscō verzeihen
iūdĭcārĕ, iúdicō urteilen
crīmĭnōsŭs, a, um Anschuldigungen hervorbringend, verdächtig
cĕlĕrĭtās, tātĭs f. Schnelligkeit
paenitērĕ, paenitĕō bereuen
prŏpĕrārĕ, properō eilen
temptārĕ, temptō versuchen
cuncti, ae, a alle, alle Dinge
tūtō Adv. sicher, geschützt
ambulārĕ, ámbŭlō umhergehen, spazieren gehen

Pensum dŭŏdēsĕxāgēsĭmum

Aut prōdesse vŏlunt aut dēlĕctāre pŏētae.

Entweder nützen wollen sie oder erfreuen, die Dichter.

(Horaz, De arte poetica 333)

Nullus est lĭbĕr tăm mălŭs, ut nōn aliquā parte prōsit.

Kein Buch ist so schlecht, dass es nicht in irgendeiner Hinsicht nützt.

(Plinius, epist. 3, 5, 10)

Scrībĕrĕ scrībĕndō, dīcĕndō dīcĕrĕ dīscēs.

Schreiben wirst du durch Schreiben, Reden durch Reden lernen.

(Mittelalterl. Spruch)

Scrībĕndī rectē săpĕrĕ est prīncĭpĭum et fōns.

Richtigen Schreibens Anfang und Quelle ist vernünftiges Denken.

(Horaz, De arte poetica 309)

Prō captū lectōrĭs hăbĕnt sŭă fātă lĭbéllī.

Je nach dem Verständnis des Lesers haben Bücher ihre Schicksale.

(Terentianus Maurus, De litteris 1286)

Alĭŭd lĕgŭnt pŭĕrī, áliud vĭrī, áliud sĕnēs.

Anderes lesen Knaben, anderes Männer, anderes Greise (heraus).

(Hugo Grotius 1583 – 1645)

Lĕgĕ tōtŭm, sī vīs scīrĕ tōtŭm.

Lies das Ganze, wenn du das Ganze wissen willst.

(Anonym)

Tĭmĕō lectōrĕm ūnīŭs lĭbrī.

Ich fürchte den Leser (nur) eines einzigen Buches.

(Thomas von Aquin?)

aut … aut entweder – oder
dēlĕctāre, delectō erfreuen
pŏētă, ae m. Dichter
ut, verneint **ut nōn** – konsekutives **ut** mit dem Konjunktiv – (so) dass
aliqua pars f. irgendeine Seite – **Abl. aliquā parte** von irgendeiner Seite, in irgendeiner Hinsicht, irgendwie
scrībĕrĕ, scrībō schreiben
dīscĕrĕ, dīscō lernen
rectē Adv. richtig; der Genitiv des Gerundiums (scribendi) hat ein Adverb bei sich!
fōns, fŏntĭs m. Quelle, Ursprung
In Prosa würde der Satz lauten: **recte scribendi principium et fons est sapere.**
săpĕrĕ, săpĭō schmecken, vernünftig sein (**săpĭēns** weise ist das Partizip Präsens dazu) –
Das Italienische und das Französische haben aus **săpĕrĕ** ihr Verbum für *wissen* gewonnen: ***it. sapēre, frz. savoir*** *wissen.*
căptŭs, captūs m. (zu **căpĕrĕ, capio** fassen) Fassungsvermögen, Verständnis
prō Präposition mit dem Ablativ: vor, für, anstelle von, im Verhältnis zu, je nach …
lector, lectōrĭs m. Leser
fātum, i n. Schicksal
lĭbellus, libellī m. Büchlein, Buch, Diminutiv (Verkleinerungsform) von **lĭbĕr, lĭbrī m.**
ălĭŭs, a, ud der, die, das andere
tōtus, a, um ganz
scīrĕ, scĭō wissen
tĭmērĕ, tĭmĕō fürchten
ūnus, a, um ein, ein einziger – Genitiv **ūnīŭs** – Dativ **ūnī** s. p. 35!

Pensum ūndēsexagēsimum

Ŏcŭlī ómnĭŭm in tē spērănt,
dŏmĭnĕ, et tū dās ēscăm illōrŭm
in témpŏrĕ opportūnō.
Ăpĕrīs tū mănŭm tŭăm,
et implēs ŏmnĕ ănĭmăl
bĕnĕdĭctĭōnĕ.

Die Augen aller hoffen auf dich,
Herr, und du gibst ihre Speise
zur rechten Zeit.
Du öffnest deine Hand
und erfüllst jedes Lebewesen
mit Segen.

(Psalm 144, 15 f.)

Cum sālĕ pānĭs lātrăntĕm
stŏmăchŭm bĕnĕ lēnĭĕt.

Brot mit Salz
wird den knurrenden Magen gut besänftigen.

(Horaz, Sermones 2, 2, 17 f.)

Iēiūnŭs rārō stŏmăchŭs
vulgārĭă tĕmnĭt.

Ein Magen, der selten leer ist,
verachtet die gewöhnlichen Speisen.

(Horaz, Sermones 2, 2, 38)

Mălŭm pānĕm tĭbĭ tĕnĕrŭm
et sĭlīgĭnĕŭm fămēs rĕddĕt.

Schlechtes Brot wird dir der Hunger sanft
und zu Weißbrot machen.

(Seneca, epist. morales 123, 2)

Plēnŭs vĕntĕr făcĭlĕ dē
iēiūnĭīs díspŭtăt.

Ein voller Bauch
redet leicht über Fastenpläne.

(Horaz, epist. 58, 2)

Décĭmă hōră ămīcōs
plūrēs quam prīmă ínvĕnĭt.

Die zehnte Stunde findet
mehr Freunde als die erste.

(Publilius Syrus, Sent. D 28)

ēscăm illōrŭm *ihre Speise*
Bisher ist als **besitzanzeigendes Pronomen** nur **suus, a, um** vorgekommen. Es bezog sich immer auf das Subjekt des Satzes (s. pensum 21!).

Wenn das Possessivpronomen sich – wie hier – **nicht** auf das Subjekt (hier **tu**) bezieht, erscheint **immer** der **Genitiv des Personalpronomens.**

So heißt es ***ēscăm eius*** *oder* ***illīus*** *seine, ihre Speise* im Singular (Genitiv von **is, ea, id** er, sie, es bzw. von **ille, illa, illud**) und ***escam eōrum, eārum*** oder ***illōrum, illārum*** *ihre Speise* im Plural (Genitiv Plural von von **is, ea, id** bzw. **ille, illa, illud**).

opportūnus, a, um passend, geeignet, richtig
ăpĕrīrĕ, ăpérĭō öffnen
implērĕ, ímplĕō anfüllen, erfüllen
ánĭmăl, ănĭmālĭs n. Lebewesen
bĕnĕdictiō, benedictiōnĭs f. Segnung, Segen
sāl, sālĭs m. Salz
lătrans, ntis Part. Präs. von **lātrārĕ** bellen, knurren
stŏmăchŭs, stomachī m. Magen
lēnīrĕ, lēnĭō lindern, besänftigen
iēiūnŭs, a, um nüchtern, leer (Magen)
rārō Adverb selten
vŭlgārĭs m., f., vulgarĕ n. allgemein üblich, gewöhnlich, alltäglich (zu **vŭlgŭs, vŭlgī n.** das gemeine Volk, die Masse) – unser Fremdwort: ***vulgär***
tĕmnĕrĕ, tĕmnō verachten, verschmähen
tĕnĕr, tenera, tenerum zart, fein, weich
silīgínĕŭs, a, um aus Weizen (**sĭlīgō, sĭlīgĭnĭs f.** Weizen, Weizenmehl)
rĕddĕrĕ, rĕddō (Kompositum von **dărĕ, dō**) zurückgeben; mit doppeltem Akkusativ wie hier heißt es: etwas in verändertem Zustand zurückgeben = zu etwas machen (im Französischen wird **rendre** noch ebenso gebraucht!)
vĕntĕr, vĕntrĭs m. Bauch, Magen
iēiūnĭŭm, ieiuniī n. Fasten, Fastenzeit
décĭmă hōră die zehnte Stunde – von 15 bis 16 Uhr – ist die Stunde der Hauptmahlzeit. Die erste Stunde des Tages: morgens 6 Uhr!

Pensum sexagēsimum

Audéndō vĭrtūs crēscĭt, tardandō tĭmŏr. *Durch Wagen wächst die Kraft, durch Zögern die Furcht.*
(Publilius Syrus, sent. A 43)

Nōn quĭă difficília sunt,
nōn audēmŭs,
sĕd quia nōn audēmus,
difficília sunt.

Nicht weil die Dinge schwierig sind,
haben wir keinen Mut,
sondern weil wir keinen Mut haben,
sind sie schwierig.
(Seneca, epist.morales 104, 26)

Māiŏr fāmae sĭtĭs est
quam virtūtĭs.

Größer ist der Durst nach Ruhm
als nach Tugend.
(Juvenal, Saturae 10, 140 f.)

In rēbŭs dŭbĭīs plūrĭmī est audācĭă. *In ungewisser Lage ist Kühnheit von höchstem Wert.*
(Publilius Syrus, sent. I 30)

Nĭhĭl est virtūtĕ ămābílĭŭs. *Nichts ist liebenswerter als die Tugend.*
(Cicero, De amicitia 28)

Dōs est magnă
părénțĭŭm virtus.

Eine große Mitgift ist
die Tüchtigkeit der Eltern.
(Horaz, Carm. 3, 24, 21)

Nōbilitās sōlă est atque ūnĭcă virtus. *Adel ist allein und einzig die Virtus.*
(Juvenal, Sat. 8, 20)

audēre, audĕō wagen
vĭrtūs, virtūtĭs f. (zu **vĭr** der Mann) die Mannhaftigkeit, die Kraft, die Tüchtigkeit, die Tapferkeit; die Tugend
Die Bedeutung ***Tugend*** im Sinne von ***Bestreben, das Handeln auf das sittlich Gute auszurichten***, hat **virtus** vor allem bei den Philosophen erhalten (als Übersetzung des griech. Begriffs **aretē**). Sie lebt in den romanischen Sprachen weiter (frz. la vertu, it. la virtù, engl. virtue).

Die in **virtus** enthaltene Bedeutung von ***Fähigkeit, Vortrefflichkeit*** hat den Begriff ***virtuós, der Virtuóse*** aus sich entwickelt, aber auch den Begriff ***virtuell***, der besagt, dass etwas nur als Fähigkeit oder Möglichkeit existiert.

tardāre, tardō, tardāvī, tardātum zögern, zaudern
tĭmŏr, tĭmōrĭs m. Furcht
quĭă Konjunktion weil
dĭffĭcĭlĭs, difficilis, difficilĕ schwierig, schwer (zu tun) **difficília** Neutr. Plural
sĭtĭs, is f. Durst
fāma, ae f. Ruf, Ruhm
rēs dŭbĭae, rērŭm dŭbĭārŭm f. plur. zweifelhafte Sachen, eine ungewisse Lage
vgl. **rēs sĕcúndae (plur.)** Sachen, die meinen Wünschen entsprechen (folgen!) *Glück*
rēs advérsae (Plur.) widrige Dinge, *Unglück* – unter pensum 19!
audācĭă, audáciae f. (audēre!) Wagemut, Kühnheit
plūrĭmŭm das meiste (Superlativ zu **multum** viel und dem Komparativ **plūs** mehr)
Hier erscheint bei **esse** der sog. **Genitivus prĕtĭī (des Wertes): māgnī est** es ist viel wert, **plūrĭs est** es ist mehr wert, **plūrĭmī est** es ist am meisten wert.
ămābĭlĭs, amābilis, amābile liebenswürdig, liebenswert – Komparativ **ămābílĭŏr m. amabilior f., ămābílĭŭs n.**
virtūtĕ = quam virtūs (Ablativus comparationis) s. pensum 30!
dōs, dōtĭs f. Gabe, Mitgift
păréntēs, paréntĭŭm m., f. Eltern
nōbilitās, nōbilitātis f. Berühmtheit; Adel
sōlus, a, um allein
ūnicus, a, um einzig

Pensum sexāgēsimum prīmum

Et sĕmĕl ēmissum vŏlăt ĭrrĕpărābĭlĕ verbum. *Und einmal ausgeschickt, fliegt das Wort unwiederbringlich davon.*
(Horaz, epist. 1, 18, 71)

Mĕlĭŏr est cĕrtă pāx quam spērātă victōrĭă. *Besser ist ein sicherer Friede als ein erhoffter Sieg.*
(Livius, ab urbe condita libri 30, 30, 19)

Mūtăt sē bŏnĭtās irrītātă iniūrĭă. *Es wandelt sich Güte, wenn sie durch Unrecht gereizt wird.*
(Publilius Syrus, Sent. M 26)

Fŭrŏr fit laesă saepius patiéntiă. *Zu Wut wird Geduld, die zu oft verletzt ist.*
(Publilius Syrus, Sent. F 13)

Bis magnō cum dētrīméntō repulsī Gallī quid ăgănt cónsŭlunt. *Zweimal mit großem Verlust zurückgetrieben, beraten die Gallier, was sie tun sollen.*
(Caesar, Bellum Gallicum 7, 83, 1)

Ob ămīcĭtĭăm summā fĭdē servātăm glōriam căpĭēs. *Wegen der Freundschaft, die du mit höchster Treue bewahrt hast, wirst du Ruhm erlangen.*
(Cicero, Lael. 6, 25)

Obwohl der Kurs bis hierhin (pens.1 bis 60) der Vorstellung des Präsens-Stammes lateinischer Verben vorbehalten war, ist eine Form des Perfektstammes doch schon gelegentlich vorgekommen: das **Partizip Perfekt Passiv**

1) als quasi-Adjektiv auf -us, -a, -um: **domos clausas** (36), **ver optatum, pratum purpuratum** (42), auch – durch die Vorsilbe **in-** verneint – in **in-custoditum ovile** (11), **in-finitus numerus** (20);
2) als Substantiv im Neutrum: **stratum** (25), **pactum** (37), **debitum** (40).

Das Partizip Perfekt Passiv (PPP) ist eine für uns leicht nachvollziehbare Verbform. Das immer auftretende -t- erinnert an die Partizip-Bildung unserer schwachen Verben: *gehört, erhofft etc.* –

Ebenso wie das Partizip Präsens Aktiv (siehe pensum 31) erweitert auch das Partizip Perfekt Passiv lateinische Sätze mit leicht einzufügenden zusätzlichen Aussagen.

Das mit einem der Satzglieder verknüpfte Partizip bezeichnet die Grammatik als **Partizipium coniunctum.** Wir benutzen zur Wiedergabe häufig Nebensätze.
Die Texte 3 – 6 oben zeigen insbesondere, wie das Partizip z. B. durch adverbiale Zusätze angereichert werden kann.

volāre, volō fliegen
ēmĭttĕre, ēmĭttō, Part Perf. Pass. ēmĭssŭm ausschicken, aussenden
irreparábilis, is, e nicht wiederherstellbar
spērārĕ, spērō PPP: spērātŭs, a, um hoffen, erhoffen
bŏnĭtās, tātĭs f. Güte
irrītāre, irrītō, PPP irrītātum reizen, erregen
fŭrŏr, ōrĭs m. Wut
pătĭéntĭă, ae f. Geduld
laedĕrĕ, laedō, P.P.P. laesum beleidigen, verletzen
saepius Adverb, Komparativ öfter, zu oft, ziemlich oft
dētrīmentum, ī n. Schaden, Verlust
rĕpĕllĕrĕ, repéllō, PPP rĕpŭlsum zurücktreiben
cōnsŭlĕre, cōnsŭlō sich beraten, Rat halten
ăgĕrĕ, ăgō tun, handeln, treiben
ob Präp. mit dem Akk. wegen
fĭdēs, fideī f. Treue, Zuverlässigkeit
căpĕrĕ, căpĭō nehmen
glōriam căpĕrĕ Ruhm erlangen

Pensum sexāgēsimum áltĕrum

Vox audītă pĕrĭt,
litteră scrĭptă mănĕt.

Das gehörte Wort vergeht,
der geschriebene Buchstabe bleibt.

LITTERA SCRIPTA MANET soll Anlass sein, etwas über das wunderbare Medium des geschriebenen Wortes zu sagen, das in der Alten Welt schon so früh gefunden und entwickelt wurde. Ich will dabei gar nicht erst zu den frühen Erfindern der Schrift im Zweistromland und zu den Hieroglyphentexten der Ägypter zurückgehen. Von der enormen Kulturleistung des Schreibens in Griechenland und Rom ist genug zu berichten. Auch hier beginnt es mit dem in Stein, vielleicht auch in Holz geritzten Wort. Das eben heißt ja **scrībĕre:** ***einritzen***. (Auch die Germanen haben schon früh Zeichen [Runen] in Stäbe aus Buchenholz geritzt, daher noch engl. **to write** *ritzen, schreiben*. Im Deutschen haben wir lat. scribere als Lehnwort übernommen.)

Als in Griechenland schon die Epen Homers, die Tragödien des 5. Jh. v. Chr., die Werke von Platon und Aristoteles in Schriftrollen verbreitet waren, schrieb man in Rom, abgesehen von Inschriften in Stein, noch vor allem auf wachsüberzogenen Holztäfelchen, die man bei Bedarf *radieren*, d. h. *schaben, wieder glätten* konnte. Das Verb heißt **rādĕrĕ, rādō, rāsī, rāsŭm**.
Die **tăbŭlă rāsă**, die *saubergeschabte Tafel*, ist ein noch bis heute geläufiger Begriff, der bedeutet: ***man kann neu anfangen, es ist noch nichts da (ein unbeschriebenes Blatt)***.

Die **tăbŭlae** wurden im Haushalt und im Geschäftsleben, auch für Verordnungen und Wahllisten benutzt. Zwei oder mehr hölzerne Tafeln band man mit Ringen oder Riemen zu einem Heft zusammen, das **cōdex** hieß. Ursprünglich bedeutet das Wort **cōdĕx, cōdĭcĭs m.** *Baumstamm, Klotz*.

Früh jedoch war auch schon ein aus der Papyrusstaude hergestelltes Papier in Gebrauch, für das man von den Griechen den Begriff **charta** übernommen hatte. Der Bast der ägyptischen Staude hieß **papyros**, ihr Mark, das auch zu Schreibmaterial verarbeitet wurde, hieß **byblos**. Das griechische Wort **biblos** (aus byblos) übersetzen wir mit ***Buch***. Auch das lateinische Wort für das Buch verweist auf das Schreibmaterial: **lĭbĕr** ist ursprünglich *der Bast* unter der Baumrinde; auf ihm schrieb man in den Anfängen.

Die **charta** aus Papyrus wurde in **Rollen** mit genormten Breiten aus Ägypten geliefert. Zum Schreiben behielt man die Rollenform bei. In den Bibliotheken des Altertums stapelten sich die Schriftrollen zu Tausenden. Lateinisch nennt man diese „Bücher" **volūmina.**
volvĕre, volvō, volvī, vŏlūtŭm heißt *drehen, rollen, wälzen;* das Substantiv **vŏlūmĕn, vŏlūmĭnĭs n.** *die Drehung, die Windung* – und *die Schriftrolle.*
Die Rollen wurden um einen Stab gewickelt, den **umbĭlīcŭs** (*Nabel, Mitte*); an ihn war ein Täfelchen mit dem **ĭndĕx** oder **tĭtŭlŭs** geheftet. Den Rollenanfang verstärkte ein untergeklebter Querstreifen, den man mit dem griechischen Wort **protokollon** bezeichnete (von prōtos *der erste, der vorderste* und kolláō *ich leime*). Auf diesem protokollon wurde oft der Inhalt der Rolle kurz angegeben.

Von der römischen Kaiserzeit an verwendete man neben dem Papyrus als wesentlich haltbareres Schreibmaterial zunehmend **Pergament, membrānă** genannt, das aus Kleinasien (Pergamon) auf den Markt kam. Pergament wurde aus der ungegerbten Haut vor allen von Ziegen, Schafen und Kälbern hergestellt, die mit Kalk gebeizt und mit Bimsstein geglättet wurde. Auch Pergament beschrieb man in Griechenland (schon im 7. Jh. v. Chr.), in Persien und in Israel ursprünglich in Rollen.
Seit dem 1. Jh. n. Chr. kamen in Rom **cōdĭcēs aus Pergament** auf, sogar solche, deren Blätter man in der Mitte knickte und zusammenheftete, wie wir es bei unseren Schulheften kennen.

vōx, vōcĭs f. Stimme, Ruf, Wort
pĕr-īre, pĕrĕō verloren gehen, verschwinden, umkommen
mănērĕ, mănĕō bleiben, fortbestehen, dauern

Pensum sexagēsimum tertium

Nĭhĭl tam mūnītŭm, quŏd nōn expūgnārī pĕcūnĭā póssit.	*Nichts (ist) so befestigt, dass es nicht durch Geld erobert werden kann.* (Cicero, 1. Rede gegen Verres, 4)
O cīvēs, cīvēs, quaerendă pĕcūnĭă prīmŭm est, vĭrtŭs post nummōs.	*O Bürger, Bürger, der Gelderwerb ist das erste, die Tugend (rangiert) hinter den Münzen.* (Horaz, Epist. 1, 1, 53f.)
Quid nōn mŏrtālĭă péctŏră cōgĭs, aurī săcră fămēs!	*Wozu zwingst du nicht die sterblichen Herzen, verfluchter Hunger nach Gold!* (Vergil, Aeneis 3, 56f.)
Dăt cēnsŭs hŏnōrēs, cēnsŭs ămīcĭtĭās: paupĕr ŭbīquĕ iăcĕt.	*Es bringt Vermögen Ehren, Vermögen Freundschaften: der Arme bleibt überall unten.* (Ovid, Fasti 1, 217 f.)
Probitās laudātur et alget.	*Rechtschaffenheit wird gelobt – und friert.* (Juvenal, Sat. 1, 74)

Zum Wortfeld „Geld“, in dem wir die Begriffe **dīvĭtĭae, -arum f.** *Reichtum* und **nummus, nummi m.** *Münze* schon kennen, kommen auf dieser Seite drei hinzu, nämlich **pĕcūnia, ae f.** *Geld*, **aurum, aurī n.** *Gold* und **cēnsŭs, cēnsūs m.** *Vermögen.*

pecunia ist im Wortsinne zunächst der Viehbestand;
Vieh **(lat. pecus)** ist das wichtigste Vermögen.
Der **cēnsŭs** ist ursprünglich das Ergebnis dessen, was der **cénsor** tut **(cēnsēre)**, nämlich die Schätzung **(cēnsūra)** des Vermögens eines römischen Bürgers. Von daher ist cēnsŭs zunächst die Steuerliste und bekommt im Laufe der Zeit dann die Bedeutung *Vermögen, Besitz, Reichtum.* In unserm Lehnwort ***Zins*** lebt **census** weiter. Auch ***Zensur*** und ***Zensor*** sind geläufige Fremdwörter.

mūnīre, mūnĭō, Part. Perf. mūnītŭs, a, um befestigen (ursprünglich durch **moenia** Mauern)
expūgnāre, expūgnō erobern
quod nōn possit Relativsatz mit konsekutivem Sinn, daher Konjunktiv
quaerĕrĕ, quaerō suchen, 1) zu erwerben suchen, erwerben, verdienen; 2) zu erfahren suchen, fragen, forschen, untersuchen
quaerénda pecúnia heißt wörtlich als **Gerundivum** übersetzt: *das Geld, das erworben werden muss.* Einer solchen verbalen Wendung entspricht bei uns eher ein Substantiv wie *Geldverdienen* oder *Gelderwerb.*
quid was? adverbial auch: wozu, warum
mortālĭs, m., f., mortālĕ n. sterblich
pĕctŭs, péctŏrĭs n. Brust, Herz
cōgĕrĕ, cōgō (aus **co-** und **ăgĕrĕ, ăgō**) zusammentreiben, zwingen
săcĕr, săcră, săcrŭm heilig, einer Gottheit geweiht; wenn einer unterirdischen Gottheit geweiht, auch: verflucht, verwünscht
fămēs, fămĭs f. Hunger – **aurī fămēs** der Hunger nach Gold (Gen. objectivus!)
hŏnŏr, hŏnōrĭs m. Ehre
pauper m., f., n. arm
ŭbīquĕ und wo, wo auch immer, überall
iăcērĕ, iăcĕō liegen, darnieder liegen, am Boden liegen; liegen bleiben, verachtet werden, unten bleiben
prŏbĭtās, tātĭs f. Rechschaffenheit, Redlichkeit
algēre, algĕō frieren

Pensum sexāgēsĭmum quartum

Trēs fĕrmē hōrās pŭgnātŭm est et ŭbīquĕ ătrōcĭtĕr.	*Fast drei Stunden wurde gekämpft, und überall erbittert.* (Livius, a.u.c. libri 22, 6, 1)
Rōmae ad prīmum nuntium clādis eius cum ingentī terrōre ac tumultū concúrsus in fŏrŭm populī est factus.	*In Rom entstand bei der ersten Nachricht von dieser Niederlage mit ungeheurem Schrecken und Tumult ein Volksauflauf in Richtung Forum.* (Livius, a.u.c. libri 22, 7, 6)
Tăndĕm haud multō ante sōlĭs ŏccāsŭm M. Pompōnius praetŏr: „Pŭgnā, ĭnquĭt, măgnā vĭctī sŭmŭs".	*Endlich, nicht viel vor Sonnenuntergang, sagte der Prätor M. Pomponius: „In einer großen Schlacht sind wir besiegt worden."* (Livius, a.u.c. libri 22, 7, 8)
Vae victīs!	*Wehe den Besiegten!* (Livius, a.u.c. libri, 5, 48, 9 – ein dem Gallierfürsten **Brennus** in den Mund gelegtes Wort, der 390 v. Chr. Rom erobert hatte.)

Das **PPP** dient im Lateinischen dazu, in Verbindung **mit esse die Passivformen des Perfekts** zu bilden. Hier haben wir also wie im Deutschen **zusammengesetzte Formen** vor uns!
Bei uns ist das **Hilfsverb** wie bei allen passiven Formen ***werden.*** –
Die Aktivformen des Perfekts werden es uns weniger leicht machen!

Die Texte oben finden sich bei dem Geschichtsschreiber **Titus Livius** (59 v. Chr. – 17 n. Chr.), der die römische Geschichte von der Gründung der Stadt bis zum Tode des Drusus im Jahre 9 v. Chr. in 142 Büchern erzählt hat. Ein Buch umfasst etwa 60 – 70 Seiten in den heutigen Textausgaben antiker Autoren. – Von dem Werk des Livius ist nur ein Teil erhalten, wir sind aber durch Textauszüge über den Inhalt der Bücher gut informiert.

Die **Texte 1 – 4** oben beziehen sich auf **die Schlacht am Trasummenischen See im Mai 217 v. Chr.** Zur Situation – Hannibal in Italien – vgl. p. 56!

hōră, hōrae f. Stunde
fĕrmē oder fĕrē (nachgestellt) fast
pŭgnārĕ, pŭgnō, PPP. pŭgnātŭm kämpfen
ŭbīquĕ wo auch immer, überall
ătrōcĭtĕr Adverb zum Adjektiv **ătrōx m., f., n., ătrōcĭs** wild, grimmig, grausam
Rōmae (alter Kasus **Lokativ mit der Endung i**): in Rom
nuntius, i m. Nachricht, Botschaft
clādēs, is f. Niederlage – **ea clādēs** diese N., Genitiv **eius clādis**
térror, terróris m. Schrecken
ingēns m., f., n., ingĕntĭs ungeheuer groß – Abl. Sing. **ingenti**
tumultus, ūs m. Tumult
concursus, ūs m. Zuammenlauf, Auflauf – **in forum** auf die Frage wohin?
făcĕre, faciō machen PPP **factus, a, um – factus est** er ist gemacht worden, er entstand
tăndĕm endlich, schließlich
haud = nōn - multō Abl. des Maßes (bei **ante** [Präposition] vor) um vieles, viel
ŏccāsŭs, ŏccāsūs m. Untergang
măgnŭs, a, um groß
pŭgnă, pŭgnae f. Schlacht
vincĕrĕ, vincō, PPP victus, a, um siegen, besiegen

Pensum sexāgēsimum quintum

Sērō tē ămāvī, pulchritūdō tăm antíquă et tăm nŏvă, sērō tē ămāvī.	*Spät habe ich dich geliebt, Schönheit so alt und so neu, spät habe ich dich geliebt.* (Augustinus, Confessiones 10, 27, 38)
Pătĕr, peccāvī in caelum et cōrăm tē.	*Vater, ich habe gesündigt gegen den Himmel und vor dir.* (Lukas 15, 18)
Dē prōfŭndīs clāmāvī ad tē, Dŏmĭnĕ.	*Aus der Tiefe habe ich zu dir gerufen, o Herr.* (Psalm 29, 1)
Quōs ămŏr vērŭs tĕnŭĭt, tĕnēbĭt.	*Die wahre Liebe eingenommen hat, die wird sie festhalten.* (Seneca, Thyestes 551)
Sīc mē servāvĭt Apóllō.	*So hat mich Apollo gerettet.* (Horaz, Sermones 1, 9, 78)

Schon die aus dem **Präsensstamm der Verben** entwickelten Formen stellen mit den drei **Tempora Präsens, Imperfekt und Futur**, den **Modi Indikativ und Konjunktiv**, den **Genera Aktiv und Passiv** und den jeweils sechs Personenformen eine imposante Fülle von **60 Personenformen** dar (jedenfalls bei transitiven Verben), die alle durch ihre **Endung** zu identifizieren sind.
In diesen Komplex habe ich mit den ersten 60 Pensen einzuführen versucht.

Der **Perfektstamm der Verben** eröffnet ein neues Feld: wieder drei Tempora: **Perfekt, Plusquamperfekt und Futur II**, wieder **Indikativ und Konjunktiv**, wieder **Aktiv und Passiv**. Dass die Passivformen im Perfekt unserm Gefühl für die synthetische (zusammengesetzte) Bildung von Vergangenheitsformen entgegenkommen, haben wir gesehen. **Die aktiven Personenformen des Perfektstammes jedoch bestimmen sich wieder über Personalendungen.**

65

Wie beim Präsensstamm die 1. P. Sg. Präs. Aktiv, so spielt beim Perfektstamm die **1. P. Sg. Perfekt Indikativ Aktiv** eine Schlüsselrolle. Von dieser Form her lassen sich alle 30 aktiven Personenformen des Perfekts bilden. Die **erste Person des Perfekts Aktiv ist als dritte sog. Stammform einzuprägen.**
Die vierte Stammform ist das **Partizip Perfekt Passiv,** in der Form des Neutrums zitiert und dann auch als Supinum bezeichnet (Rest eines Verbalsubstantivs auf -um und -u).

Der Perfektstamm unterscheidet sich oft stark vom Präsensstamm.
Die Verben **ā-Konjugation** bilden allerdings im Allgemeinen das Perfekt auf -ā-vī, die der **ē-Konjugation** meist auf **-uī oder -ēvī,** die Verben der **i-Konjugation** auf ī-vī.

So mannigfach die Perfektbildung im Lateinischen auch ist, die **Personenendungen** lauten im Perf. Indikativ Aktiv immer:
im Singular -ī, -ĭstī, -ĭt –
im Plural -ĭmŭs, -ĭstĭs, -ērŭnt.

ămārĕ, ămō, ămāvī, amātum lieben
peccāre, peccō, peccāvī, peccātum sündigen, fehlen
clāmārĕ, clāmō, clāmāvī, clāmātum rufen, schreien
servārĕ, servō, servāvī, servātum retten, bewahren
tĕnērĕ, tĕnĕō, tĕnŭī, téntum halten, festhalten, einnehmen

pulchritūdō, pulchritúdĭnĭs f. Schönheit
antíquus, a, um alt
cōrăm Präposition mit Akk. vor
prōfúndus, a, um tief

Pensum sexāgēsimum sextum

VENI VIDI VICI

Ich kam, ich sah, ich siegte.

(Inschrift eines Schildes, das Caesar 47 v. Chr. bei seinem Triumphzug nach einem schnell errungenen Sieg dem Festzug vorantragen ließ. Sueton, Vita divi Iuli 37, 2)

Quā vīcĭt, vĭctōs prōtĕgĭt ille mănū. *Mit der Hand, mit der er gesiegt hat, schützt jener die Besiegten.*

(Ovid, Amores 1, 2, 52; auf C. Iulius Caesar bezogen)

Víctrix causă dĕīs plăcŭĭt, sed victă Cătōnī.

Die siegreiche Sache gefiel den Göttern, jedoch die besiegte dem Cato.

(Lukan, de bello civili 1, 128)

Der jüngere Cato (Uticensis) war ein Anhänger der alten republikanischen Staatsform und erklärter Gegner Caesars. Er nahm sich nach Caesars Sieg bei Thapsus 46 v. Chr. das Leben.

Exēgī mŏnŭméntŭm aerĕ perĕnnĭŭs.

Ich habe ein Denkmal errichtet dauerhafter als Erz.

(Horaz, carm. 3, 30 über sein Werk)

Návĭtă tum stellīs nŭmĕrōs et nōmĭnă fēcĭt.

Der Schiffer schuf damals für die Sterne die Ordnungen und die Namen.

(Vergil, Georg. 1, 137 über die Anfänge der Kultur)

Die **Perfekte** auf dieser Seite werden (außer placuit, ē-Konj.) mit **Dehnung des Stammvokals** gebildet.

Das betrifft auch **vĭdēre** (ē-Konjugation) und **vĕnīre** (i-Konjugation).

Beim Verb **vincĕrĕ** tritt im Perfekt und im Supinum der reine Stamm **vic-** in Erscheinung. Das sog. **n-Infix** in **vi<u>n</u>cĕrĕ, vi<u>n</u>cō** ist Zeichen des Präsensstammes.

Der kurze Vokal **ă** in der Stammsilbe von **făcĕre** und **ăgĕre** wird – mit Ablaut = Vokalwechsel – gedehnt zu langem **ē**.

vĕnīrĕ, vĕnĭō, vēnī, vĕntŭm kommen (i-Konjugation)
vĭdērĕ, vĭdĕō, vīdī, vīsŭm sehen (e-Konjugation)
vĭncĕrĕ, vĭncō, vīcī, vĭctŭm siegen, besiegen
exĭgĕrĕ, éxĭgō, exēgī, exáctŭm heraustreiben, -führen
Das Grundverb ist **ăgĕrĕ, ăgō, ēgī, actum** treiben, tun, handeln - Fremdw. *agieren, aktiv, Aktion, Agenda*
făcĕrĕ, fácĭō, fēcī, făctum tun, handeln

Sonstige Vokabeln:
prōtĕgĕrĕ, prótĕgō schützen
manu, quā vicit, protegit zweimal Abl. instrumenti
vĭctrīx, víctrīcĭs f. Siegerin; siegreich - wie **victor, ōrĭs m.** Sieger und **victōria, ae f.** Sieg vom Supin-Stamm **vict**-um gebildet
causa, ae f. Sache, Ursache
plăcērĕ, plăcĕō, plăcŭī - gefallen
mŏnŭméntŭm, i n. Denkmal (**mŏnērĕ** erinnern, ermahnen)
aes, aerĭs n. Erz
perénnis, is, e (annus!) durch die Jahre dauernd/hier Komparativ n.
nāvĭtă, ae m. (oder nauta, ae m.) Schiffer, Seemann
nŭmĕrŭs, ī m. 1. Gliederung, schönes Verhältnis, Vers; 2. Zahl, Rang, Ordnung

Das Perfekt hat als Tempus im Lateinischen zwei Funktionen:

Erstens: Es dient als **historisches Perfekt** zur Erzählung von Vorgängen, die in der Vergangenheit abgeschlossen sind. Wir benutzen zur Übersetzung das deutsche Präteritum (einfache Vergangenheit). Das historische Perfekt spielt in Texten, die von geschichtlichen Ereignissen berichten, eine große Rolle. In unseren Sentenzen wird es weniger oft erscheinen.

Zweitens: Es stellt als **konstatierendes Perfekt** vergangene abgeschlossene Ereignisse fest. Wir benutzen zur Übersetzung das deutsche Perfekt.
Oben und auf den vorhergehenden Seiten finden sich Beispiele für beides.

Pensum sexāgēsimum séptĭmum

Quŏd scrīpsī, scrīpsī.	*Was ich geschrieben habe, habe ich geschrieben.* (Pontius Pilatus bei Joh. 19, 22, Antwort auf die Einwände jüdischer Priester gegen die Inschrift INRI am Kreuz, die Jesus als „König der Juden" bezeichnet.)
In própriă vēnĭt; et sŭī ĕŭm nōn rĕcēpērunt.	*Er kam in sein Eigentum, und die Seinen nahmen ihn nicht auf.* (Joh. 1, 11)
Agnus rĕdēmĭt ŏvēs; Christus ĭnnŏcēns pătrī rĕcŏncĭlĭāvĭt peccatōrēs.	*Das Lamm erlöste die Schafe; Christus, der schuldlose, versöhnte (mit) dem Vater die Sünder.*
„Dīc nōbīs, Maria: quid vīdĭstī in vĭā?" „Sĕpŭlcrŭm Chrīstī vīvĕntis et glōriam vīdī rĕsŭrgĕntĭs. Surrēxit Chrīstŭs spēs mĕă, praecēdĕt sŭōs in Galilaeā."	*Sag uns, Maria: Was hast du auf dem Wege gesehen? Das Grab des lebenden Christus und die Herrlichkeit habe ich gesehen des Auferstehenden. Auferstanden ist Christus, meine Hoffnung, vorangehen wird er den Seinen in Galiläa.* (Aus der Oster-Sequenz „Victimae paschali laudes" von Wipo von Burgund, Hofkaplan der Salierkönige)

Außer den schon bekannten Perfektbildungsweisen erscheinen hier zwei **Perfekte, die auf -sī** gebildet werden:
scrībĕrĕ, scrībō, scrīpsī, scrĭptŭm schreiben
rĕsŭrgĕrĕ, rĕsŭrgō, rĕsŭrrēxī, rĕsŭrrēctŭm wieder aufstehen, auferstehen
surgĕrĕ, surgō, surrēxī, surrēctum aufstehen, sich aufrichten (aus sur<u>rigere</u> entstanden) gehört zu dem einfachen Verbum **rĕgĕrĕ, rĕgō, rēxī, rēctum** gerade richten, lenken, leiten (urverwandt mit unserem Verb *recken*) – zur Wortfamilie gehören **rēgnum, rēgnāre, rēx, rēgīnă.**
Auch **dīcĕrĕ, dīcō** sagen, **vīvĕrĕ, vīvō** leben und **praecedere, praecedo** vorangehen bilden das Perfekt mit **si (-xi, -ssi).**
Es kommt hier aber nicht vor. –

67

Zwei Verben dagegen zeigen wieder das **Dehnungsperfekt:**
rĕcĭpĕrĕ, rĕcĭpĭō, rĕcēpī, rĕcĕptum aufnehmen Fremdw.: *rezeptiv, Rezeption*
Kompositum von **căpĕrĕ, căpĭō, cēpī, căptum** nehmen, fassen
rĕdĭmĕrĕ, rĕdĭmō, rĕdēmī, rĕdēmptum loskaufen, erlösen
Kompositum von **ĕmĕrĕ, ĕmō, ēmī, ēmptum** kaufen

prŏprĭŭs, a, um eigen, jem. gehörend
eum Akk. zu **is** er, dieser
ăgnŭs, i m. Lamm
ŏvĭs, ovis f. Schaf
ĭnnŏcēns m., f., n., ĭnnŏcĕntĭs unschuldig, schuldlos
rĕcŏncĭlĭāre, rĕcŏncĭlĭō, reconciliāvī, reconciliātum wiederherstellen, wieder versöhnen
dīc Imperativ Sing. – **dīcĕrĕ, dūcĕrĕ, făcĕrĕ und fĕrrĕ** verwenden als Imperativ im Sing. den reinen Stamm: **dīc, dūc, făc, fĕr!**
sĕpúlcrum, i n. Grab, Grabmal
praecēdĕrĕ mit dem Akk. jemandem vorangehen

Pensum duodēseptuāgēsimum

Invītŭs, rēgīnă, tŭō dē lĭtŏrĕ cĕssī. *Gegen meinen Willen, Königin, bin ich von deinem Gestade gewichen.*
(Vergil, Aeneis 6, 460 – Worte des Aeneas bei seiner Begegnung mit Dido in der Unterwelt.)

At tuba terribilī sonitū tatarántara dīxĭt.
Doch die Trompete ließ mit schrecklichem Klang ihr Tatarantara ertönen.
(Ennius, Annales fragm. 140)

Saepe pătĕr dīxĭt: Stŭdĭŭm quid inūtĭlĕ tĕmptās!
Maeŏnĭdēs nullās ipse rĕlĭquĭt ŏpēs.
Oft hat mein Vater gesagt: Was für eine unnütze Beschäftigung suchst du! Der Mäonide selbst hat keinen Reichtum hinterlassen.
(Ovid, Tristien 4, 10, 21 f.)

Pĕcūnĭăm in lŏcō nĕglĕgĕrĕ măxŭmŭm intérdum est lŭcrŭm. *Geld am (rechten) Ort zu missachten, ist bisweilen der größte Gewinn*
(Terenz, Adelphoe 216)

Hŏc fēcī, dum lĭcŭĭt, intermīsī, quŏăd nōn lĭcŭĭt. *Dies tat ich, solange es erlaubt war, unterließ ich, soweit es nicht erlaubt war.*
(*Cicero*, orationes Philipp 3, 33)

„Mūnĕră magnă tămĕn mīsĭt." Sed mīsit in hāmō.
„Doch große Geschenke hat er geschickt," Aber er schickte sie am Angelhaken.
Et piscatōrem pĭscĭs ămārĕ potest? *Und kann der Fisch den Angler lieben?*
(Martial, Epigr. 6, 63, 5 f. über einen Erbschleicher)

Verben mit Perfektbildung auf -sī
cēdĕrĕ, cēdō, cĕssī, cĕssŭm gehen, weggehen, weichen
dīcĕrĕ, dīcō, dīxī, dĭctŭm sagen, singen, erklingen lassen
nĕglĕgĕrĕ, néglĕgō, nĕgléxī, nĕgléctum vernachlässigen
mĭttĕrĕ, mittō, mīsī, mĭssŭm schicken

intermittĕre, intermĭttō, intermīsī, intermĭssum unterbrechen, vorbeigehen lassen, unterlassen
Der Zusammenstoß eines c oder g mit dem s führt zum x, beim Zusammenstoß mit einem Dental tritt das s bzw. ss auf.

invītus, a, um „nicht wollend“, widerwillig, ungern
lĭtŭs, lĭtŏrĭs n. Gestade, Strand
tŭbă, ae f. Trompete – Signalinstrument des römischen Heeres
tĕrrĭbĭlĭs, is, e schrecklich
sŏnĭtŭs, ūs m. Ton, Klang, Schall
Das Stilmittel, das Ennius hier benutzt, heißt **Alliteration**: Gleichklang der Anfangsbuchstaben.
stŭdĭŭm, stŭdĭī n. Beschäftigung, Neigung, Eifer, Liebhaberei
ĭnūtĭlĭs, inūtilis, inūtile unnütz, nutzlos, unbrauchbar
tĕmptārĕ, tĕmptō, temptāvī, temptātŭm versuchen, unternehmen
Maeŏnĭdēs, Maeŏnĭdae m. der Mäonide = Lydier, beliebte Bezeichnung für **Homer**, der aus Lydien gestammt haben soll
rĕlĭnquĕrĕ, rĕlĭnquō, rĕlīquī, rĕlĭctŭm zurücklassen, hinterlassen, verlassen – **Perfektbildung mit Dehnung des Stammvokals ohne das n-Infix des Präsensstammes (wie bei vincere)**
ŏps, ŏpĭs f. Macht, Vermögen, Stärke – Plural: **ŏpēs** Mittel, Vermögen, Reichtum
lŭcrŭm, lŭcrī n. Gewinn (**máxŭmus** altertümlich für maximus)
intérdum bisweilen, manchmal
hic, haec, hoc (Demonstrativpron.) dies hier
dum solange – **quŏăd** bis wohin, inwieweit, wenn
lĭcērĕ, lĭcĕt, lĭcŭĭt, lĭcĭtŭm erlaubt sein
mūnŭs, mūnĕrĭs n. Geschenk
hāmŭs, ī m. Haken, Angelhaken
piscātŏr, tōrĭs m. Fischer, Angler
pĭscĭs, ĭs m. Fisch

Pensum ūndēseptuāgēsimum

Quod dīcō vōbīs in tĕnĕbrīs,
dīcĭtĕ in lūmĭnĕ,
et quod in aurĕ audītĭs,
praedĭcātĕ sŭpĕr tēctă.

Was ich euch in der Dunkelheit sage,
sagt im Licht,
und was ihr geflüstert hört,
verkündet über die Dächer hinweg.
(Matth.10, 27)

Lēgī, intēlléxī, condemnāvī.

Ich habe gelesen, begriffen, verdammt.
(nach Sozomenus, Historia ecclesiastica 5, 18 war das die Reaktion des Kaisers Julian Apostata auf die Schrift „Über die Wahrheit " von Apollinaris von Laodicaea.)

Mītĭs dēpōnĕ cōllă, Sigámber;
adōrā, quŏd incĕndĭstī;
incéndĕ, quŏd ădōrāstī.

Beuge sanft deinen Nacken, Sigamber;
bete an, was du verbrannt hast,
verbrenne, was du angebetet hast.
(Gregor von Tours, Historia Francorum 2, 31 – Worte des Bischofs Remigius von Reims bei der Taufe des Merowingerkönigs Chlodwig.)

Quod nōn fēcērŭnt bărbărī,
fēcērŭnt Barberīnī.

Was die Barbaren nicht getan haben,
taten die Barberini.

Mit den Texten auf dieser Seite begeben wir uns noch einmal in die christliche Aera.
Die Matthäus-Stelle finde ich zitiert bei **H.V. Morton**, ROM, Wanderungen durch Vergangenheit und Gegenwart (Knaur-Taschenbuchausgabe von 1981). Der Vers läuft als Inschrift um die Kuppel des umgebauten Sommerpalastes von Papst Leo XIII. herum, in dem die Sendestation von Radio Vatikan untergebracht ist. Der ehemalige Sommerpalast liegt auf der höchsten Erhebung der Vatikanischen Gärten.

Den letzten Spruch schreibt man **Carlo Castelli** zu, einem päpstlichen Hofbeamten, der damit das Verhalten des Papstes Urban VIII. aus der römischen Adelsfamilie der **Barberini** anprangerte. Urban VIII., seit 1623 Papst, hatte aus dem einzigen großen Bauwerk der Antike, das alle Plünderungen der Jahrhunderte überstanden hatte, dem **Pantheon**, in der Vorhalle die schweren massiven Bronzeverkleidungen der Decke ausbauen und daraus das von Bernini entworfene Tabernakel über dem Hauptaltar von St. Peter gießen lassen.

quod Akk. Neutrum des Relativpronomens **qui, quae, quod**
tĕnĕbrae, tĕnĕbrārŭm f. Plural Finsternis, Dunkelheit
lūmĕn, lūmĭnĭs n. Licht
aurĭs, auris f. Ohr – **in aurĕ audīre** im Ohr hören heißt so viel wie etwas *ins Ohr geflüstert* hören
tectŭm, tectī n. Dach
sŭpĕr Präposition mit dem Akkusativ: über, über … hinweg
praedĭcārĕ, praedĭcō, praedĭcāvī, praedĭcātŭm öffentlich ausrufen, bekannt machen, preisen – Ursprung unseres Lehnwortes ***predigen*** und des Fremdwortes ***Prädikat!***
lĕgĕrĕ, lĕgō, lēgī, lĕctum lesen Perfekt mit Dehnung
ĭntĕllĕgĕrĕ, intéllĕgō, intelléxī, intelléctum einsehen, verstehen (Fremdw. ***intelligent, Intellekt***)
Drei von den zahlreichen Komposita von **lĕgĕre** haben ein s-Perfekt: **intellégĕrĕ, nĕglégĕrĕ** *vernachlässigen* und **dīlĭgĕrĕ** *lieben*
condemnārĕ condemnō, condemnāvī, condemnātum verdammen
mītĭs, is, e mild, weich, sanft – hier **prädikativ** gebraucht: als ein Sanfter
dēpōnĕrĕ, dēpōnō niederlegen – Fremdwörter: ***deponieren, Depot***
collum, i n. Hals, Nacken – hier wie oft im Plural **cŏllă**
incĕndĕrĕ, incĕndō, incĕndī, incēnsum anzünden, verbrennen – gehört zu einer **Gruppe von Verben**, bei der Präsens- und Perf. Stamm gleich sind!
adōrāre, adōrō, adōrāvī, adōrātum anbeten – **adōrāstī** Verkürzung von **adōrāvĭstī** – häufig bei Perfekten der ā-Konjugation
bărbărŭs, a, um barbarisch, Barbar

Pensum septuagēsimum

Amīcī, dĭēm pĕrdĭdī! *Freunde, ich habe einen Tag verloren.*

(Suetonius, vita Divi Titi 8, 1 – **Titus** soll dies Wort an einem Abend gesprochen haben, als er feststellte, dass er an dem ganzen Tag niemandem etwas Gutes getan hatte.)

Quī dĕdĭt bĕnĕfĭcĭŭm, tăcĕăt. *Wer eine Wohltat erwiesen hat, soll schweigen.*
Nárrĕt, quī ăccēpĭt. *Erzählen soll der, der sie empfangen hat.*

(Seneca, de beneficiis 2, 11, 2)

Bĕnĕfĭcĭŭm dandō ăccēpĭt, quī dīgnō dĕdĭt.
Eine Gabe hat durch das Geben empfangen,
wer sie einem Würdigen gegeben hat.

(Publilius Syrus, B 12)

Hŏc sēnsŭs osténdĭt, *Dies hat der Sinn gezeigt,*
ănĭmŭs crēdĭdĭt. *der Geist hat es geglaubt.*

(Seneca, epist.morales 117, 13)

Dēdĭscĭt animus sērō, *Es verlernt das Gedächtnis spät,*
quod dĭdĭcĭt dĭū. *was es lange gelernt hat.*

(Seneca, Troades 633)

Obstĭpŭī, stĕtērŭnt cŏmae *Ich erstarrte, es standen die Haare zu Berge*
et vŏx faucĭbŭs haesit. *und das Wort blieb in der Kehle stecken.*

(Vergil, Aen. 2, 774)

Rĕstĭtit Aenēās clārāquĕ in lūcĕ rĕfŭlsĭt … *Es stand da Aeneas und strahlte in hellem Licht.*

(Vergil, Aeneis 1, 588)

Eine ererbte indogermanische Art der Perfektbildung ist die **Reduplikation,** das ist die Verdoppelung der Anfangssilbe, meist unter Abschwächung des Stammvokals. Bei den Komposita fällt die Reduplikation oft weg. Auf dieser Seite erscheinen:
dărĕ, dō, dĕdī, dătum geben (a-Konjugation)

Die Komposita von **dăre** folgen fast alle der konsonant. Konjugation, z. B. **perdĕre, perdō, perdĭdī, perdĭtum** zugrunde richten, verlieren

crēdĕrĕ, crēdō, crēdĭdī, crēdĭtum glauben, anvertrauen – Fremdw. ***Kredit***
dĭscĕrĕ, dĭscō, dĭdĭcī – lernen, gelehrt werden
dēdĭscĕrĕ, dēdĭscō, dēdĭcī – (ohne Reduplikation) verlernen
stāre, stō, stĕtī, (stătum) stehen
rĕstāre, restō, réstĭtī stehen; zurückbleiben, noch vorhanden sein

Bei **discĕrĕ** ist das Ganze durch das **sc-Infix im Präsensstamm** noch etwas komplizierter. Der Stamm lautet **dĭc** – er steht im Ablaut, d. h. Vokalwechsel, mit **dŏc-** (dŏcērĕ *lehren*!). Das **sc-Infix** hat eine Bedeutung von ***werden*** und findet sich z. B. auch bei **crē-sc-ĕrĕ (crēvī)** *wachsen*, **nō-sc-ĕrĕ (nōvī)** *erkennen, kundig werden*, **obstupĕscĕre (obstupŭī)** *starr werden*.
Das anzusetzende **dĭc-sc-ĕrĕ** *wissend werden* erscheint als **dīscĕre;** im Perfekt redupliziert sich der Stamm **dĭc-** zu **dĭdĭcī.**

bĕnĕfĭcĭum, i n. Gabe, Wohltat, Gefälligkeit, Freundschaftsdienst
accĭpĕrĕ, accipiō, accēpī, accĕptum annehmen, empfangen **(Perf. mit Dehnung)**
narrāre, narrō, narrāvī, narrātum erzählen
tăcērĕ, tăcĕō, tăcŭī, tăcĭtum schweigen
sēnsŭs, sēnsūs m. Sinn, Sinneswahrnehmung
osténdĕrĕ, ostĕndō, ostendī, ostĕntum entgegenstrecken, -halten, zeigen / das Grundverb **tendĕrĕ** bildet das Perfekt mit Reduplikation **(tĕtĕndī** siehe pensum 72)
obstĭpĕscĕrĕ (obstupescĕrĕ), obstipéscō, obstĭpŭī – starr werden, erstarren
cŏmă, ae f. Kopfhaar
faucēs, faucium f. pl. Schlund, Rachen, Hals
haerērĕ, haerĕō, haesī, haesum hängen bleiben, haften – Fremdw. ***Ad-, Kohäsion, inhärent***
refulgēre, refulgĕō, refulsī schimmern, strahlen, glänzen

Pensum septuāgēsimum prīmum

Vīnĕăm mĕăm plantāvī,
tórcular sōlŭs calcāvī,
vīnĕă nōn réddĭdĭt
fructum, quem spērāvī,
induméntum sánguĭnĕ
mĕŭm inquĭnāvī.

Meinen Weinstock habe ich gepflanzt,
die Kelter habe ich allein getreten,
der Weinstock gab nicht her
die Frucht, die ich erhoffte,
mein Gewand habe ich
mit Blut besudelt.

Quī mundī mălă portāvī,
tórcular sōlŭs calcāvī,
undā mĕī sánguĭnĭs
mundī culpās lāvī,
indŭmĕntŭm sánguĭnĕ
mĕŭm inquĭnāvī.

Der ich die Übel der Welt getragen habe,
die Kelter habe ich allein getreten,
mit der Flut meines Blutes
habe ich die Schuld der Welt gewaschen,
mein Gewand habe ich
mit Blut besudelt.

Flăgéllă nōn rĕcūsāvī,
tórcular sōlŭs calcāvī,
ĕgō spŏntĕ subĭī
crŭcĕm, quam expāvī,
induméntum sánguĭnĕ
mĕŭm inquĭnāvī.

Geißelhiebe habe ich nicht zurückgewiesen,
die Kelter habe ich allein getreten,
ich ging aus freien Stücken unter
das Kreuz, das ich fürchtete,
mein Gewand habe ich
mit Blut besudelt.

Das sind die Strophen 1, 3 und 5 eines sechsstrophigen Gedichtes, dessen Verfasser namens Philipp am Anfang des 13. Jahrhunderts Kanzler der Universität Paris war.

Thema des Gedichtes ist Christus als Kelterer, ein Motiv, das auch in der bildenden Kunst des Mittelalters nicht unbekannt ist. Keltern heißt ja, die Trauben durch Zerstampfen und Pressen für die Umwandlung in den edleren Zustand des Weines vorzubereiten. Diesem Vorgang einen mystisch-symbolischen Sinn zu geben, lag nicht fern. Der Gedanke, dass Gott die Menschheit keltert, geht auf den Propheten Jesaias zurück. Philipp übernimmt die eindringlich in jeder Strophe wiederkehrenden Verse wörtlich aus dem Jesaias-Text der Vulgata: **torcular calcāvī sōlus** – und: **ómnĭă induménta mĕă inquĭnāvī (Jes. 63, 3).**

plantārĕ, plantō, plantāvī, plantātum pflanzen (bei uns Lehnwort)
calcāre, calcō, calcāvī, calcātum treten – abgeleitet von **calx, calcis f.** Ferse
rédděrě, reddō, réddĭdī, réddĭtum zurückgeben
inquĭnāre, ínquĭnō, inquĭnāvī, inquinātum beschmutzen, beflecken
lăvārĕ, lăvō, lāvī, lautum waschen (ā-**Konj. mit Dehnungsperfekt)**
rĕcūsāre, rĕcūsō, rĕcūsāvī, rĕcūsātum zurückweisen, abwehren
subīre, súbĕō, súbĭī, subĭtum mit Akk. unter etwas gehen, etw. auf sich nehmen (**ire** p.74)
expăvĕscĕre, expăvéscō, expāvī mit Akk. etw. fürchten, vor etw. erschaudern

vīnĕă, ae f. Weinstock, Weinberg
torcular, aris n. Kelter (zu **torquēre, torquĕō, torsī, tortum** drehen, winden) vermutlich eine Schraube, in die die Trauben durch Stampfen hineingetreten wurden. Unser Lehnwort ***torkeln*** weist auf die schwankende Bewegung bei diesem Tun hin. – ***Torkel*** ist bis heute in manchen Gegenden Deutschlands der Ausdruck für die Weinpresse. Das Lehnwort ***Kelter*** **(calcatura)** für dieselbe Sache geht auf **calcāre** *treten* zurück. – Zu **torquēre** gehört das Fremdwort ***Tortur.***
induméntum, i n. Gewand
sănguĭs, sánguĭnĭs m. Blut
undă, ae f. Welle, Woge
flăgéllum, ī n. Geißel
crŭx, crŭcĭs f. Kreuz

Pensum septuāgēsimum áltĕrum

Irrītābĭs crābrōnēs.	*Du wirst Hornissen reizen.* *Du stichst in ein Wespennest.* (Plautus, Amphitruo 707)
Lŭpō ŏvĕm cŏmmīsĭstī.	*Dem Wolf hast du das Schaf anvertraut.* *Du hast den Bock zum Gärtner gemacht.* (Terenz, Eunuchus 832)
Hās litterās găllīnă scrīpsĭt.	*Diese Buchstaben hat ein Huhn geschrieben.* (Plautus, Pseudulus 30)
Lĭbrōs inspĕxī.	*Ich habe die Bücher inspiziert.* (Plautus, Stichus 454)
Ĕrŭs mĕŭs ĕlĕphăntī cŏrĭō cĭrcŭm tĕntŭs est.	*Mein Herr ist von Elefantenhaut rings umspannt. Er hat ein dickes Fell.* (Plautus, Miles gloriosus 235)
Acū tĕtĭgĭstī.	*Du hast mit der Nadel getroffen.* *Du hast den Nagel auf den Kopf getroffen.* (Plautus, Rudens 130)

s-Perfekte
cŏmmĭttĕrĕ committō, commīsī, commĭssŭm anvertrauen, überlassen
inspĭcĕrĕ, inspĭcĭō, inspĕxī, inspĕctum hineinsehen, inspizieren, prüfen – *Inspektion, Inspektor!*

Reduplikationsperfekte
tĕndĕrĕ, tĕndō, tĕtĕndī, tĕntŭm spannen, ausspannen
tangĕrĕ, tangō, tĕtĭgī, tāctŭm berühren, treffen

Sonstige Vokabeln:
ĭrrītārĕ, irrītō, irrītāvī, irrītātŭm reizen, anstacheln
crābrō, crābrōnĭs m. Hornisse
ŏvĭs, ovis f. Schaf

has litteras Akk. Pl. f. von **hic, haec, hoc** dieser, diese, dieses
lĭttĕră, litterae f. Buchstabe
găllīnă, gallinae f. Henne
ĕrŭs, ĕrī m. Herr, Hausherr, Gebieter
ĕlĕphăntŭs, elephantī m. Elefant
cŏrĭŭm, cŏrĭī n. dicke und harte Tierhaut, Leder
cĭrcŭm ringsum
ăcŭs, ăcūs f. Nadel

Bei den Komödiendichtern **Plautus und Terenz** treffen wir die lateinische Sprache so an, wie sie um 200 vor Christus lebendig war. Die Komödien sind voll von Elementen der Umgangssprache, viele Redensarten sind dort zuerst zu fassen.
Titus Maccius Plautus war um 250 v. Chr. in Umbrien geboren und kam in jungen Jahren als Schauspieler und Theatergehilfe nach Rom. Von den hundert Komödien, die er verfasst hat, sind zwanzig erhalten. Plautus folgt stofflich griechischen Vorbildern, lockert die Stücke jedoch durch Gesang und Tanz, lokale Anspielungen und viel Humor auf. Die Sprache ist volkstümlich bildhaft und derb. Zu den Typen, die er darstellt, gehören der Schmarotzer, der Prahlhans, der Kuppler, der gerissene Sklave und andere mehr.

Publius Terentius Afer (um 190 – 159 v. Chr.) kam als Sklave des Senators Publius Terentius Lucanus aus Karthago nach Rom und nahm nach der Freilassung den Namen seines Herrn an, unter Zusatz seines Sklavennamens **Afer** *der Afrikaner.* Seine Komödien waren keine Possen, er porträtierte vielmehr das Leben der Wohlhabenden satirisch und mit Sinn für die Charakterdarstellung. Sein Debüt hatte er 164 mit der Komödie **Andria** ***Das Mädchen aus Andros.*** Sechs Komödien von Terenz sind erhalten. Sein Einfluss auf die Komödiendichtung in Europa bis hin zu Moliere im 17. Jh. war groß. Sein eigenes bewundertes Vorbild war der Grieche **Menander**. 160 reiste Terenz nach Griechenland, um nach eventuell verschollenen Werken Menanders zu forschen. Auf der Heimreise starb er.

Pensum septuāgēsimum tertium

Spĕm tĕnĕō, sălūtĕm āmīsī.	*Die Hoffnung halte ich fest, mein Glück habe ich verloren.* (Plautus, Mercator 592)
Et ŏlĕŭm et ŏpĕrăm pérdĭdī.	*Öl und Mühe habe ich verschwendet.* (Plautus, Poenulus 332)
Multōs, quī spērănt, dēcēpĭt spēs.	*Viele, die hoffen, hat die Hoffnung betrogen.* (Plautus, Rudens 401)
Inspērātă áccĭdunt măgĭs saepe quam quae spērēs.	*Unverhoffte Dinge geschehen öfter als solche, die du erhoffst.* (Plautus, Mostellaria 197)
In quod mē coniēcī mălŭm!	*In welches Unglück habe ich mich gestürzt!* (Terenz, Hercyra 132)
Dōtĕ impérĭŭm vēndĭdī.	*Für eine Mitgift habe ich mein Hausherrenrecht verkauft.* (Plautus, Asinaria 87)
Nŏvă nunc rĕlĭgĭō in tē istaec ĭncĕssĭt.	*Neu ist jetzt diese Frömmigkeit in dich eingezogen.* (Terenz, Andria 730)
Scĭō: tū cŏăctus tuā voluntātĕ ēs.	*Ich weiß: du bist mit deinem eigenen Willen gezwungen worden.* (Terenz, Andria 658)

s-Perfekte:

āmĭttĕrĕ, āmittō, āmīsī, āmĭssŭm loslassen, wegschicken, verlieren
incēdĕre, incēdō, incĕssī, incĕssum eintreten, hereinbrechen, jem. überkommen

Dehnungsperfekte:
dēcĭpĕrĕ, dēcĭpĭō, dēcēpī, dēcĕptum hintergehen, täuschen (capere)
cŏnĭcĕrĕ, cŏnĭcĭō, cŏniēcī, cŏniĕctum zuammenwerfen, **se conicere** sich stürzen – Kompositum zu **iăcĕre** werfen – man spricht: conjicere, conjicio
cōgĕrĕ, cōgō, cŏēgī, cŏāctum (**ăgĕrĕ!**) zusammentreiben, drängen, zwingen

Reduplikationsperfekte:
pĕrdĕrĕ, perdō, pérdĭdī, pérdĭtum vertun, verschwenden, verlieren
vēndĕre, vēndō, vēndĭdī, vĕndĭtum zum Verkauf (vēnŭm) geben, verkaufen

Sonstige Vokabeln
sălūs, sălūtĭs f. Wohlbefinden, Gesundheit, Heil, Glück
ŏlĕŭm, i n. Öl
ŏpĕra, ae f. Mühe, Arbeit
inspērātus, a, um unverhofft, unerwartet
accĭdĕrĕ, áccĭdō, áccĭdī zufallen, sich ereignen, geschehen – zu **cădĕrĕ, cădō, cĕcĭdī, cāsūm** fallen (Perf. mit Reduplikation)
măgĭs saepe mehr oft = öfter
quae spērēs Konjunktiv im Relativsatz mit konsekutivem Sinn: von der Art, dass
dōs, dōtĭs f. (zu dare) Mitgift
impĕrĭŭm, i n. Befehl; Macht oder Recht zu befehlen, Befehlsgewalt
rĕlīgĭō, ōnĭs f. religiöse Furcht, Frömmigkeit
istaec = **istă** (Pronomen **iste, ista, istud** dieser, diese, dieses da) verstärkt durch das hinweisende -c wie bei **haec**

Pensum septuāgēsimum quartum

Abĭĭt, ĕxcēssĭt, ēvāsĭt, ērūpĭt.

Er ging weg, er räumte das Feld, er verschwand, er stürzte davon.

(Cicero, In L. Catilinam 2, 1)

Tempus, inquit, est cēdĕndī et ăbĕŭndī.

Es ist Zeit, sagte er, schleunigst zu verschwinden.

(Gellius, noct. Atticae 2, 29, 15)

Quŏd périĭt, périĭt.

Was vergangen ist, ist vergangen.

(Plautus, Cistellaria 703)

Ėŭnt annī mōrĕ flŭĕntĭs ăquae.

Es gehen die Jahre nach Art des fließenden Wassers.

Nĕc quae praetĕrĭĭt, ĭtĕrŭm rĕvŏcābĭtŭr undă,

Nicht wird sich die Welle, die vorübergegangen ist, zurückrufen lassen,

nĕc quae praetĕrĭĭt, hōră rĕdīre pŏtĕst.

noch kann die Stunde, die vorübergegangen ist, zurückkehren.

(Ovid, Ars amat. 3, 59 - 61)

Quam est fēlix vītă,
quae sĭnĕ ŏdĭīs tránsĭĭt.

Wie glücklich ist das Leben, das ohne Hass vergangen ist.

(Publilius Syrus, Sent. Q 47)

Tempus nōn est intrō ĕŭndī.

Es ist nicht der Zeitpunkt einzutreten.

(Plautus, Mercator 916)

Pérĕō fămĕ!

Ich komme um vor Hunger!

(Phaedrus, fab. 3, 7, 6)

I mūs! gaudē mūs!
rīdē mūs! nīlque tĭmē mūs!
Sĕd căvĕās căvĕās,
nē pĕrĕās per ĕās!

Geh, Maus! freu dich, Maus,
lache, Maus, und fürchte nichts, Maus!
Aber achte auf Fallen,
damit du nicht umkommst durch sie!

(Aus einer mittelalterl. Handschrift der Basler Universitätsbibliothek/B 160v.)

In seiner 1. Rede gegen Catilina am 7. Nov. 63 v. Chr. hatte der Konsul **Cicero** den **L. Sergius Catilina,** dessen Verschwörung er aufgedeckt hatte, unter Androhung härtester Maßnahmen aufgefordert, Rom zu verlassen. In der 2. Rede am nächsten Tag konnte er melden, dass Catilina fluchtartig das Weite gesucht hatte (Text 1). Er tat das mit einer Reihung von vier Verben rhetorisch so eindrucksvoll, dass der Satz berühmt geworden ist.

Die Intensivierung eines Ausdrucks durch Verdoppelung wie in Text 2 bezeichnen die antiken Grammatiker als **hen dia dyoin**, *eins durch zwei*. Weitere Beispiele zum **Hendiadyoin** unter p. 128.

Das Verb īre ist in seinen Perfektformen leicht zu handhaben.
Beim Präsensstamm dagegen muss immer bedacht werden, dass das ei- (ī) der ursprünglichen Wurzel vor a, o, und u zu ĕ- wird: **eo, eunt; eam, eas, eat usw.; eundi.**

ăbīrĕ, ăbĕō, ăbĭī, ábĭtŭm weggehen
excēdĕrĕ, excēdō, excēssī, excēssŭm hinausgehen, sich entfernen
ēvādĕrĕ, ēvādō, ēvāsī, ēvāsŭm hinausgehen, entkommen, entrinnen
ērŭmpĕrĕ, ērŭmpō, ērūpī, ērūptŭm ausbrechen, davonstürzen
perīre, pérĕō, pérĭī, pérĭtŭm verloren gehen, untergehen
praeterīre, praetérĕō, praetérĭī, praetérĭtŭm vorübergehen
rédīre, rédĕō, rédĭī, rédĭtŭm zurückkehren
trānsīrĕ, trānsĕō, trānsĭī, trānsĭtŭm hinüber-, vorübergehen
flŭĕrĕ, flŭō, flŭxī, flŭxum fließen
rĕvŏcāre, révŏcō, rĕvŏcāvī, rĕvŏcātum zurückrufen
intrō Adv. hinein
rĭdērĕ, rīdĕō, rīsī, rīsum lachen
căvĕă, ae f. Höhle, Käfig, Falle – **cavēre, cavĕō** beachten, sich hüten
per eās Akk. Pl. f. zu **is, ea, is** er, sie, es

Wie viele lat. Verben bilden auch die **Komposita von ire** häufig vom Supin-Stamm ein **Substantiv (mask.) nach der u-Deklination: éxĭtus** Ausgang, **intrōĭtus** Eingang, **ádĭtŭs** Zugang, **rédĭtŭs** Rückkehr, **trānsĭtŭs** Übergang.

Pensum septuāgēsimum quintum

Rĕlātă réfĕrō. *Ich berichte Berichtetes.*

(Übersetzung einer Stelle aus Herodot, Geschichte 7, 152, 3)

Hōs ĕgō versĭcŭlōs fēcī,
tŭlĭt altĕr hŏnōrēs.

Diese Verslein habe ich gemacht,
ein anderer trug die Ehren davon.

(Vergil, fragm. 257 B)

Quantă mălă pértŭlī! *Wie große Übel habe ich ertragen!*

(Seneca, epist, mor. 78, 14)

Sŏlĕt hōră, quod multī
annī abstŭlērŭnt, réddĕrĕ.

Es pflegt eine Stunde zurückzugeben,
was viele Jahre genommen haben.

(Publilius Syrus, Sent. S 26)

Illĕ crŭcĕm scélĕrĭs prĕtĭŭm tŭlĭt, hĭc dĭădēmă.

Jener trug als Lohn für sein Verbrechen
das Kreuz davon, dieser eine Krone.

(Juvenal, Sat. 13, 105)

Occāsĭōnĕm oblātam tĕnētĕ. *Haltet die angebotene Gelegenheit fest.*

(Cicero, Orat. Philippicae 3, 34)

Tóllĕ mŏrās! Semper
nŏcŭĭt diffĕrre parātīs.

Gib das Zögern auf! Immer
hat Aufschieben denen, die bereit waren, geschadet.

(Lukan, de bello civili 1, 281 – *Worte* des Curio
an Caesar vor dem Überschreiten des Rubico.)

fĕrre *tragen* ist mit den Formen des Präsensstammes schon vorgekommen (s. pens. 34!)
Die Wurzel des Präsensstammes **fĕr**- ist indogermanisches Urgestein **(bher-)** mit dem Anlaut **f/ph** im Lateinischen bzw. im Griechischen, **b** in den germanischen Sprachen. Sie ist auch bei uns noch reich entfaltet: in der Nachsilbe ***-bar** (frucht-**bar)*, in ***gebären, Bürde, Gebaren, Bahre, Gebühr***, in ***Zuber*** und ***Eimer*** (aus eimber), den mit zwei bzw. einem Griff versehenen Tragegefäßen. Im Englischen erscheint sie in ***to bear***.–

Fremdwörter griech. Ursprungs: ***Phosphor*** *Lichtträger* ***(lat. Lucifer), Christophorus*** *Christusträger.*

Für das Perfekt bringt das Lateinische **ein zweites Verb** für ***aufheben, tragen*** ins Spiel. Es ist der Stamm **tŏl-** mit seinen Ablautformen **tŭlī-** und **(t)lātum** (**Ablaut** ist gesetzmäßiger Wechsel des Stammvokals). Das Verb **tŏllĕrĕ** *aufheben* kommt in pensum 1 im Imperativ Sing. vor.
Ein sprachgeschichtlich jüngeres ebenfalls vom Stamm **tŏl-** gebildetes Verb ist **tŏlĕrāre** *ertragen, dulden*, Ursprung unseres Fremdwortes ***Toleranz.***

Stammformen:
ferre, fĕrō, tŭlī, lātŭm tragen, davontragen, erhalten
auférrĕ, aúfĕrō, ábstŭlī, ăblātum wegtragen *(*Fremdw. ***Ablativ!)***
rĕfĕrre, réfĕrō, réttŭlī, rĕlātum zurücktragen, berichten (Viele Fremdw.: ***Referendum, Referendar, relativ, Relation***)
pĕrférre, pérfĕrō, pértŭlī, perlātum ertragen
diffférre, díffĕrō, dístŭlī, dīlātum aufschieben; sich unterscheiden (***Differenz***)
tŏllĕrĕ, tŏllō, sústŭlī, sublātum aufheben
offerre, offero, obtuli, oblatum entgegentragen, anbieten (***Offerte***)

hōs Akk. Pl. m. zu **hic, haec, hoc** dieser/e/s
hŏnŏr, honōrĭs m. Ehre
sŏlērĕ, sŏlĕō pflegen, gewohnt sein
scĕlŭs, scélĕrĭs n. Verbrechen
prĕtĭŭm, ī n. Preis
dĭădēmă, diadēmătĭs n. (Fremdwort) Diadem, Königskrone
occāsio, onis f. Gelegenheit
mŏra, ae f. Aufschub, Verzögerung
nocēre, noceo, nocui schaden
parātus, a, um bereit, vorbereitet

Pensum septuāgēsimum sextum

Vīxĭt, dum vīxĭt, bĕnĕ.

Er lebte, solange er lebte, gut.

(Terenz, Hecyra 461)

**Bĕnĕ quī lătŭĭt,
bĕnĕ vīxĭt.**

*Wer sich gut verborgen gehalten hat,
hat gut gelebt.*

(Ovid, Tristia 3, 4, 25 – geht auf die Maxime des Philosophen Epikur zurück: lathe biosas! Lebe im Verborgenen!)

**Mĕdĭcīnā vincī
fātă nōn possunt.**

*Durch Medizin können
die Geschicke nicht besiegt werden.*

(Pseudo-Quintilian, Declamationes 268, 10)

**Mĕdĭcŭs ĕnĭm nĭhĭl ălĭŭd
est quam ănĭmī cōnsōlātĭō.**

*Der Arzt ist nämlich nichts anderes als ein
Trost der Seele.*

(Petron, Satyrica 42, 5)

**Quŏd rătĭō nōn quit,
saepe sānāvĭt mŏră.**

*Was der Verstand nicht kann,
hat oft die Zeit geheilt.*

(Seneca, Agamemnon 130)

Saepe tŭlĭt lassīs sūcŭs ămārŭs ŏpĕm.

*Oft hat Erschöpften ein bitterer
Saft Hilfe gebracht.*

(Ovid, Amores 3, 11, 8/Versform: Pentameter)

Nōn făcĭt hŏc aegĕr, quŏd sānŭs suāsĕrăt aegrō.

*Nicht tut der Kranke das, was er als
Gesunder einem Kranken geraten hatte.*

(Mittelalterlicher Hexameter aus einer Basler Handschrift:: Bas. 262 r)

vīvĕrĕ, vīvō, vīxī, vīctum leben
Bei **vīvĕrĕ** haben wir erneut ein Beispiel für die **Bildung des Perfekts auf -si.**

Wie die dritte Stammform **vīctum** zeigt, enthält die Wurzel des Verbs ursprünglich einen **k-Laut**. Sonst wäre **vīxī** (aus **vicsi)** nicht zu erklären. Die mit **vīvĕrĕ** urverwandten Wörter im Deutschen zeigen den **k**-Laut noch deutlich: ***quick, er-quicken, Quecksilber.***

dŭm Konj. solange, während
lătērĕ, lătĕō, lătŭī verborgen sein, sich verborgen halten – Fremdwort ***latent***
fātŭm, fātī n. Spruch des Schicksals, Bestimmung, Geschick, Verhängnis
ălĭŭs, alia, aliud der, die, das andere, ein anderer
ănĭmŭs, ănĭmī m. Seele, Geist, Empfindung, Bewusstsein, Gefühl
cōnsōlātĭō, consolatiōnĭs f. Trost, Tröstung
rătĭō, rătĭōnĭs f. Rechnen, Berechnung; Denken, Überlegung, Vernunft
quīrĕ, quĕō, quīvī, quītum imstande sein, können, fähig sein – **nōn quĭt** er kann nicht
mŏră, mŏrae f. Verweilen, Rast, Abwarten, Vergehen der Zeit
fĕrrĕ, fĕrō, tŭlī, lātŭm tragen, bringen
ŏpĕm ferre Hilfe bringen
lăssus, a, um schlaff, ermattet, erschöpft
sūcŭs, sūcī m. Saft
ămārus, a, um bitter, herb
hic, haec, hŏc (Demonstrativpron.) dieser, diese, dies
aeger, aegra, aegrum krank
suādēre, suādĕō, suāsī, suāsum raten, empfehlen (gehört zum Adjektiv **suāvĭs, is, e** *süß* und heißt eigentlich: *jemandem etwas süß machen, gefällig darstellen)*

Zur Bildung des **Plusquamperfekts Indikativ** treten an den Perfektstamm die Endungen
-ĕrăm, -ĕrăs, -ĕrăt, -ĕrāmŭs, -ĕrātĭs, -ĕrănt.

Pensum septuāgēsimum séptĭmum

Quod vŏlŭĭt, et pŏtŭĭt;
quod pŏtŭĭt, et vŏlŭĭt.

Was er wollte, konnte er auch;
was er konnte, wollte er auch.
(Grabinschrift)

Quī tardē fēcĭt,
dĭū nōlŭĭt.

Wer zögernd gehandelt hat,
hat lange nicht gewollt.
(Seneca, De beneficiis 1, 1, 8)

Quī stŭdĕt optātăm cursū cŏntĭngĕrĕ mētăm, ,
multă tŭlĭt fēcĭtque pŭĕr, sūdāvĭt et ălsĭt.

Wer sich bemüht,
die ersehnte Zielsäule im Lauf zu erreichen,
hat viel ertragen und getan als Knabe,
hat geschwitzt und gefroren.
(Horaz, Ars poetica 412 f.)

Necéssitās ab hŏmĭnĕ,
quae vult, ímpetrat.

Die Not erreicht vom Menschen,
was sie will.
(Publilius Syrus., Sent. N 27)

Idĕm vĕlle atque ĭdĕm nōlle,
ĕă dēmum firmă ămīcĭtia est.

Dasselbe wollen und dasselbe nicht wollen,
das erst ist feste Freundschaft.
(Sallust, Catilina 20, 4)

nōlēns vŏlēns

nicht wollend wollend (d. h. wohl oder übel)
(bei Cicero, De natura deorum 1, 17 heißt es **vĕlĭm, nōlĭm** – Konj. Präsens 1. Person – mag ich nun wollen, mag ich nicht wollen.)

Nōlī mē tangĕrĕ!

Rühr mich nicht an!
(Joh. 20, 17 – so spricht der Auferstandene zu Maria Magdalena.)

Nōlī ĕquī dĕntēs īnspĭcĕrĕ dōnātī!

Untersuche nicht die Zähne
eines geschenkten Pferdes.
Einem geschenkten Gaul
schaut man nicht ins Maul.
(bei Hieronymus als Sprichwort zitiert)

vĕllĕ, vŏlō, vŏlŭī wollen
pŏssĕ, pŏssŭm, pŏtŭī können
nōllĕ, nōlō, nōlŭī nicht wollen (**nōlō** aus **nĕ-vŏlō**)
tardus, a, um langsam, träge, zögernd – Adverb: **tardē**
stŭdērĕ, stŭdĕō, stŭdŭī sich bemühen
optārĕ, optō, optāvī, optātŭm wünschen, ersehnen
cŭrsŭs, cŭrsūs m. Lauf – Ablativ: **cursū**
cŏntĭngĕrĕ, cŏntĭngō, cŏntĭgī, cŏntāctŭm berühren, fassen; Kompositum von **tangĕrĕ, tangō, tĕtĭgī, tāctum** berühren – die Reduplikation fällt bei contingere weg.
mētă, mētae f. Zielsäule, Ziel in der olympischen Rennbahn
sūdārĕ, sūdō, sūdāvī, sūdātŭm schwitzen
ălgērĕ, ălgĕō, ălsī frieren
necessitas, tatis f. Not, Notwendigkeit
impetrāre, impetro erreichen
quae (vult) Akk. Plural Neutr. des Relativpronomens
īdem, ĕădem, ĭdem (Pronomen) eben derselbe, dieselbe, dasselbe
dēns, dĕntĭs m. Zahn
ĕquŭs, ĕquī m. Pferd
dōnārĕ, dōnō, dōnāvī, dōnātŭm schenken

Das Verb **nōlle** erscheint in den beiden letzten Sentenzen in einer wichtigen Funktion. Die **Imperative nōlī** *wolle nicht!* **nōlītĕ** *wollt nicht!* mit einem **Infinitiv** dienen nämlich dazu, **den verneinten Imperativ** auszudrücken.

Bei **Versen** sind grammatisch zusammengehörige Wörter oft durch andere Satzglieder weit voneinander getrennt. Sperrung oder **Hypérbaton** nennt das die Verslehre. So sind im vierten Text **optatam** und **metam** weit voneinander getrennt, im letzten Text **equi** und **donati**.

Pensum duodēoctōgésimum

Nōs sŭmŭs Rōmānī, quī fuimus ante Rudīnī. *Wir sind (nun) Römer,*
die wir vorher Rudiner waren.
(Ennius, Annales 377)

Mantua mē genuit, Calabrī rapuēre, tenet nunc
Parthenopē. Cecinī pascua, rūra, ducēs.

Mantua hat mich hervorgebracht,
Kalabrien hinweggerafft,
mich hält nun Neapel.
Besungen habe ich Weiden, Felder und Führer.
(Grabinschrift für Vergil)

Mit der ersten Sentenz, einem Hexameter, drückt der Dichter **Quintus Ennius** (s. p. 56) seine Freude darüber aus, nach zwanzig Jahren Aufenthalt in Rom 184 v. Chr. das römische Bürgerrecht erhalten zu haben. **Civis Romanus sum!** *Ich bin ein römischer Bürger*! war immer eine stolze Aussage, z. B. später beim Apostel Paulus.
Rudini sind die Einwohner der Stadt **Rudiae** in **Kalabrien** – heute Rugge –, aus der Ennius stammte.

Auch der Dichter Vergil, mit vollem Namen **Publius Vergilius Maro**, stammte nicht aus Rom, sondern aus Norditalien. Er wurde 70 v. Chr. in einem kleinen Ort namens Andes in der Nähe von **Mantua** geboren. Nach dem Schulbesuch in Cremona, wo sein Vater ein kleines Landgut gekauft hatte, und später in Mailand kam Vergil 53 v. Chr. nach Rom, um dort zu studieren. Schon in dieser Zeit fand er nicht nur in dem nur wenige Jahre älteren **Caius Maecenas** einen Freund und Gönner, sondern lernte auch als Mitschüler schon C. Octavius kennen, den Großneffen und Adoptivsohn von C. Iulius Caesar, auch **Octavianus** genannt. Ihm, der später das Zeitalter der Bürgerkriege beenden und als princeps und Caesar **Augustus** eine neue Ordnung herstellen sollte, hing Vergil zeitlebens in großer Bewunderung an. Vergil liebte das Landleben mehr als den Aufenthalt in der Stadt und brachte die meiste Zeit auf einem Landgut bei Neapel zu, das er Oktavian verdankte. Er starb am 22. September 19 v. Chr. am Ende einer Griechenlandreise kurz nach der Landung in **Brundisium** in **Kalabrien.** In **Neapel** fand er sein Grab.

78

Diese Lebensdaten hat der Verfasser des **tĭtŭlŭs,** d. h. der Grabinschrift, in einem Distichon dokumentiert und zusätzlich in knappster Form einen Hinweis auf die drei dichterischen Werke Vergils gegeben. Es sind die **Bucólica,** zehn Hirtengedichte (**eclogae**), die **Geórgica,** das große Gedicht über den Landbau, und die **Aenēis**, das Werk seiner zehn letzten Lebensjahre, in dem er die Irrfahrten des Trojaners **Aenēās** und seiner Gefährten bis hin zu ihrer Landung in **Latium** darstellt.

esse, sum, fŭī sein (Der Perfektstamm **fu**- ist verwandt mit ich **b**in; to **b**e! Vergleiche fero und to bear, p. 75!)
gĭgnĕrĕ, gignō, gĕnŭī, gĕnĭtŭm zeugen, hervorbringen
Bei **gĭgnĕrĕ** begegnet uns Reduplikation im Präsensstamm! Der Wortstamm **gĕn**- hat eine große Wortfamilie: **gĕnŭs, ĕrĭs n.** Geschlecht, **gēns, gĕntĭs f.** Sippe, Stamm, Volk, **gĕnĕrālĭs, ĕ** die ganze Gattung betreffend, allgemein, **gĕnĕrāre, gĕnĕrātŏr, generātĭō**; er ist bei uns in vielen Fremdwörtern lebendig.
răpĕrĕ, răpĭō, răpŭī, raptum fortreißen, rauben – **răpŭērĕ = răpŭērŭnt**
cănĕrĕ, cănō, cĕcĭnī singen, besingen (**Perf. mit Redupl.**)
Călăbĕr, Calabra, Calabrum kalabrisch
Zu dem Nominativ Plural **Calabrī** muss man wohl **campī** *Felder, Gefilde* oder **fīnēs pl.** *Grenzen, Gebiet* hinzudenken, oder man nimmt an, dass **die Kalabrier** für **Kalabrien** stehen.
nunc jetzt
Parthenopē f. ist ein dichterischer und besonders von Vergil gebrauchter Name für **Neapel.**
pāscŭŭm, pāscŭī n. Weide
rūs, rūrĭs n. Land, Feld
dŭx, dŭcĭs m. Führer, Anführer

Pensum ūndēŏctōgēsimum

Nihil est in intellectū, quod nōn sit prius in sēnsū.

Nichts ist im Verstand, was nicht vorher in der Wahrnehmung ist.

(Maxime des erkenntnistheorischen Realismus [Aristoteles], nach Thomas von Aquin, Quaestiones disputatae de veritate 2, 3, 19)

Ēripuitque Iŏvī fulmen vīrēsque tŏnăndī. *Und sie entriss Jupiter den Blitz und die Kräfte des Donnerns.*

(Manilius, Astronomica 1, 104 über die Vernunft des Menschen, die ihn von religiöser Furcht befreite)

Ēripuit caelō fulmen sceptrumque tyrannīs.

Er entriss dem Himmel den Blitz und das Zepter den Tyrannen.

(Epigramm auf einer Büste Benjamin Franklins, verfasst von A. R. J. Turgot [1727 – 1781]). Franklin (1706 – 1790) genoss sowohl als Naturwissenschaftler – Erfinder des Blitzableiters – wie als Politiker im Kampf um die Unabhängigkeit der USA größtes Ansehen. Er ist einer der Verfasser der Unabhängigkeitserklärung der USA von 1776.

Rapuit vīrēs pondusque mălīs, cāsūs animō quī tulit aequō.

Es hat den Übeln Kraft und Gewicht geraubt, wer Schicksalsschläge mit Gleichmut ertragen hat.

(Seneca, Hercules Oetaeus 231 ff.)

Cūră pĭī dīs sunt, et quī cŏlŭēre, cŏlŭntŭr.

Schützlinge sind die Frommen den Göttern, und die verehrt haben, werden verehrt.

(Ovid, Metamorphosen 8, 724, Ende der Erzählung von den gottesfürchtigen alten Eheleuten Philemon und Baucis; im Tode werden sie in Bäume verwandelt, denen die Bevölkerung Ehren erweist)

Rārō antecēdentĕm scĕléstŭm dēsĕrŭĭt pĕdĕ poenă claudō.

Selten hat den vorauseilenden Verbrecher die Strafe mit ihrem hinkenden Fuß entkommen lassen.

(Horaz, carm. 3, 2, 31f)

Verben, die **im Perfekt auf -uī** ausgehen wie **gignĕre** und **răpĕre** (p. 78), sind auch:
ērĭpĕre, ērĭpĭō, ērĭpŭī, ērĕptum herausreißen
cŏlĕre, cŏlō, cŏlŭī, cultum das Land bebauen, pflegen, verehren
dēsĕrĕre, dēsĕrō, dēsérŭĭ, dēsertum verlassen, im Stich lassen

Zu den vom Supinstamm gebildeten Substantiven der ū-Deklination, die in p. 74 unten erwähnt werden, gehören auch:
intelléctus, ūs m. Verstand (zu **intellegere** – p. 69)
sēnsus, ūs m. Sinn, Wahrnehmung (zu **sĕntīre, sĕntĭō, sēnsī, sēnsum** fühlen, empfinden)
cāsus, ūs m. Fall, Zufall, Wechselfall **(zu cădĕre, cădō, cĕcĭdī, cāsum** fallen) und
cultus, ūs m. (zu cŏlĕre, s.o.), dessen reich entfaltete Wortsippe – ***Kult, Kultur*** – noch heute zum Bestand der modernen Sprachen in der Welt gehört.

fulmen, fulminis n. Blitz
tŏnāre, tŏnō, tŏnŭī, tŏnĭtŭm donnern
sceptrum, i n. Zepter
pŏndus, póndĕrĭs n. Gewicht – Lehnwort: ***Pfund***
cāsŭs, ūs m. Fall, Zufall, Wechselfall; im **Plural:** Schicksale
cūră, ae f. Sorge, Gegenstand der Sorge
cŏlŭēre = cŏlŭērunt – die 3. Pers. Plural des Perfekts hat oft die Endung -ēre.
antecēdĕre, antecēdō, -cĕssī, -cĕssum vorangehen, vorauseilen
sceléstus, a, um verbrecherisch, Verbrecher
poena, ae f. Strafe
pēs, pĕdĭs m. Fuß
claudus, a, um hinkend, lahm

Pensum octōgēsĭmum

Nōn intéllĕgŭnt hŏmĭnēs,
quam măgnum vectīgal sit parsimōnia.

Die Menschen erkennen nicht,
eine wie große Einnahme
die Sparsamkeit ist.
(Cicero, Parad. Stoic. 49)

Crēscĭt ămŏr nummī,
quantum ipsă pecūniă crēvĭt

Es wächst die Liebe zum Geld im gleichen Maß,
wie das Vermögen selbst gewachsen ist.
(Juvenal, Sat.14, 139)

Avārĭtĭă pĕcūniae studium hăbĕt,
quam nēmō sapiēns concupīvit.

Die Habgier hat ein Streben nach Geld,
das kein Weiser je begehrt hat.
(Sallust, Bellum Catilinarium 11, 3)

Quis sit divitiārum modŭs,
quaerĭs?
prīmŭs habērĕ quod nĕcĕssĕ est,
proximus quod săt est.

Was der Maßstab des Reichtums sei,
fragst du?
der erste: haben, was nötig ist,
der nächste: was genug ist.
(Seneca, epist.morales 2, 6)

Plōrātŭr lăcrĭmīs āmĭssă pĕcūnĭă vērīs.

Beweint wird mit echten Tränen
verlorenes Geld.
(Juvenal, Saturae, 13, 134)

Pĕcūnĭă nōn ŏlĕt.

Geld stinkt nicht.
(nach Sueton, Vita divi Vespasiani 23, 3)

Drei Verben auf dieser Seite sind Beispiele für die Perfektbildung auf -vi in der konsonant. Konjugation:
crēscĕrĕ, crēscō, crēvī wachsen, größer werden – **sc-Infix** im Präs. wie bei **discere**
cŏncŭpīscĕrĕ, concupīscō, concŭpīvī begierig werden, begehren (mit **sc-Infix** im Präsens) –
Grundverb: **cŭpĕrĕ, cŭpĭō, cŭpīvī, cŭpītŭm** begehren

quaerĕrĕ, quaerō (quaeso), quaesīvī, quaesītŭm suchen; zu erfahren suchen, fragen

quăm wie – leitet hier einen **indirekten Fragesatz** ein; daher **Konjunktiv**
vĕctīgăl, vectīgālĭs n. Wegegeld, Zoll, Einnahme
parsimōnia, parsimoniae f. Sparsamkeit
nummus, nummī m. Münze, Geldstück, Geld – **ămŏr nummi** Genitivus objectivus
quantus, a, um wie groß – Relativpron. und Fragepronomen – **quăntum** wieviel, so viel wie
mŏdŭs, mŏdī m. Maß, Maßstab, Art, Weise, Form
quis sit mŏdŭs das Fragepronomen **quis m.** richtet sich im Geschlecht nach dem Substantiv **modus**, das ein **Maskulinum** ist. Vgl. das in p. 9 über die **Kongruenz** Gesagte! Unsere Sprache nimmt es weniger genau und fragt: **was** ist **der** Maßstab?
nĕcĕssĕ est es ist unausweichlich, notwendig, nötig
prŏxĭmŭs, a, um der nächste
sătĭs oder săt genug
plōrārĕ, plōrō weinen, beweinen (frz. pleurer)
lăcrĭmă, lacrimae f. Träne
āmissus, a, um verloren, Part. Perf. von **āmĭttĕrĕ** wegschicken, verlieren
ŏlērĕ, ŏlĕō, ŏlŭī riechen, stinken

Sueton, mit vollem Namen **Gaius Suetonius Tranquillus**, ist der Biograph, der die Viten (Lebensläufe) der ersten zwölf römischen Cäsaren, von C. Iulius Caesar bis zu Domitian (96 n. Chr.) dargestellt hat. **Vespasián** hatte eine Steuer auf Urin eingeführt (mit dem offenbar gehandelt wurde, da Färber und Gerber für ihr Handwerk Ammoniak gebrauchten). Sein Sohn **Titus** hielt ihm das vor, musste aber zugeben, dass das Geld, das der Vater ihm unter die Nase hielt, nicht stank.

Pensum octōgésimum prīmum

Fŭĭmŭs Trōēs, fuit Īlium et ĭngēns glōria Teucrōrum.

Dahin sind wir Troer, dahin ist Troja und der ungeheuere Ruhm der Teukrer.

(Vergil, Aeneis 2, 325 f. – Worte des Priesters Panthus angesichts der brennenden Stadt Troja.)

Etiam pĕrĭērĕ rŭīnae.

Auch noch die Ruinen sind untergegangen.

(Lukan, De bello civili 9, 969 über Troja)

O fortūnātĕ adulēscēns, quī tuae virtūtĭs Hŏmērum praecōnem invēnĕrĭs!

O glücklicher Jüngling, der du Homer als Herold deiner Tapferkeit gefunden hast!

(Cicero, pro Archia poeta 24)

Vīxērĕ fortēs ante Agamémnona multī; sed omnēs inlacrimābĭlēs urgentur īgnōtīquĕ longā nocte, cărĕnt quĭă vāte sacrō.

Es lebten (schon) vor Agamemnon viele tapfere; aber alle werden sie unbeweint und unbekannt festgehalten in langer Nacht, weil sie den heiligen Sänger nicht haben.

(Horaz, carm. IV 9, 25 – 28)

fuimus Perfekt von **esse** sein: wir sind gewesen = es ist vorbei mit uns
Trōēs = Troiani die Trojaner
Īlium, Īlĭī anderer Name für Troja (daher hat **Homers** Epos über den Trojanischen Krieg den Namen **Ilias)**
ĭngēns m. f., n., ĭngĕntĭs ungeheuer groß
Teucrī, Teucrōrŭm m. die Trojaner (als Nachkommen des Königs Teucer)
periērĕ = perĭērŭnt
fortūnātus, a, um glücklich – **fortūnātĕ** ist Vokativ
adulēscēns, adulēscĕntĭs m. Jüngling, junger Mann
vĭrtŭs, virtūtĭs f. Mannhaftigkeit, Tapferkeit
praecō, praecōnĭs m. Herold, Verkünder (aus prae-dico)
invĕnīrĕ, invĕnĭō, invēnī, invĕntŭm finden – der **kausale** Sinn des Relativsatzes (*da du gefunden hast)* kommt durch den Konjunktiv **invēnĕrĭs** zum Ausdruck.

vīxēre = **vīxērunt**, vgl oben **periēre**
Agamémnōn, Agamémnŏnĭs m. war der König von Mykene, der mit seinem Bruder Menelaos zusammen das Griechenheer nach Troja führte und Troja zehn Jahre belagerte, bis es durch die List des Odysseus (das trojanische Pferd) erobert und zerstört wurde. **Agamémnŏnă** ist der griechische Akkusativ.
inlacrimābĭlĭs, is, e unbeweinbar, unbeweint
urgērĕ, urgĕō, ursī drängen, treiben, fortstoßen
īgnōtŭs, a, um unbekannt – **quĕ** und (angehängt)
nox, nŏctĭs f. Nacht
nŏctĕ longā verstehe ich als Abl. des Mittels (instrumenti).
quĭă (Konjunktion) weil – muss man als die den Nebensatz einleitende Konjunktion **vor** dem **cărĕnt** hören.
cărērĕ, cărĕō, cărŭī (mit dem **Ablativ**) ohne etwas sein, etwas nicht haben
vātēs, vātĭs m. Seher, Prophet; Sänger, Dichter
săcĕr, săcra, săcrum heilig

Die dritte Sentenz ist die bei Cicero überlieferte lateinische Form eines Satzes, den der junge Makedonenkönig **Alexander (356 – 323 v. Chr.)** am Grab Achills gesagt haben soll. **Achilles** war der berühmte Griechenheld vor Troja, der in **Homers Ilias** eine bedeutende Rolle spielt. Als Alexander Achills Grab in Sigeion (Kleinasien) besuchte, schickte er sich gerade an, die damals bekannte Welt zu erobern

Der vierte Text oben ist eine komplette Horaz-Strophe als inhaltliches Gegenstück zum dritten Text.
Auch **Agamemnons** Ruhm war durch Homer begründet.

Pensum octōgésĭmum áltĕrum

Multum ínterest inter
pŏssĕ et pŏtŭísse.

Es ist ein großer Unterschied zwischen
Können und Gekonnthaben.
(Sprichwort)

Quo̲d sī dē̲fĭcĭă̲nt vīrē̲s, audā̲cĭă ce̲rtē
la̲u̲s ĕrĭt: i̲n magnī̲s e̲t vŏlŭi̲sse sat e̲st.

Auch wenn die Kräfte fehlen,
wird die Kühnheit gewiss
Lob (wert) sein:
In großen Dingen ist auch gewollt zu
haben genug.
(Properz, Elegiae 2, 10, 5 f.)

Prī̲ncipibu̲s plăcŭi̲sse vĭrī̲s non ú̲ltima la̲u̲s est.
Nō̲n cuīvī̲s hŏmĭnī̲ contí̲ngit adī̲rĕ Cŏrī̲nthŭm.

Den besten Männern gefallen zu haben,
ist nicht das geringste Lob.
Nicht jedem Menschen gelingt es
nach Korinth zu kommen.
(Horaz, epist, 1, 17, 35f.)

Măgĭs quĭs vēnĕrĭs
quam quō,
ínterest.

Es ist wichtiger,
als wer (als was für ein Mensch) du gekommen bist,
als wohin.
(Seneca, epist. morales 28, 4)

Perdĭdísse hŏnĕstē māllĕm
quam accēpíssĕ túrpĭtĕr.

Ich möchte lieber ehrenvoll verloren
als mit Schimpf gewonnen haben.
(Publilius Syrus, Sent. P 30)

Auf dieser Seite erscheinen **Infinitive des Perfekts Aktiv.** Wenn die 1. Person Singular Perf. Aktiv als Stammform bekannt ist, ist die **Bildung des Infinitivs Perfekt Aktiv** kein Problem. Statt des **ī** der ersten Person hat der Infinitiv **die Endung -ĭssĕ.**

inter-ésse, intérsum, intérfuī dazwischen sein; von Bedeutung sein
multum ínterest es ist viel dazwischen, es ist ein großer Unterschied

dēfĭcĕrĕ, dēfĭcĭō, dēfēcī, dēfĕctŭm (sich wegmachen) fehlen, ausgehen – Fremdw. *Defekt!*
certus, a, um sicher, gewiss – Adverb **cĕrtē**
prīncĕps m. f. n. gen. prīncĭpĭs *der die erste Stelle einnimmt (**căpĕrĕ** nehmen):* der erste, der vornehmste – **prīncĭpēs** die ersten Männer im Staat
plăcērĕ, plăcĕō, plăcŭī, plăcĭtŭm gefallen
ūltĭmŭs, a, um der äußerste, letzte; niedrigste, geringste
laus, laudĭs f. Lob
quī-vīs jeder beliebige (wörtlich: *wer du willst*), jeder; Dativ **cuī-vīs**, Akk. **quem-vīs** – vgl. **quis-que** pensum 21!
cŏntĭngĕrĕ, contingō, cŏntĭgī, cŏntăctŭm s. pensum 77!
contíngit, cóntigit es gelingt, es glückt
ad-īrĕ, ád-ĕō, ád-ĭī, ád-ĭtŭm mit Akk. herangehen, hingehen, hinkommen, besuchen
Cŏrĭnthŭs, Corinthī f. Korinth, reiche Handelsstadt auf der Peloponnes, voll von Kunstschätzen, sprichwörtlich das Reiseziel eines jeden, der sich die Reise leisten kann. Aber nicht jedem, meint **Horaz** offenbar, erfüllen sich alle Wünsche, die er im Leben hat, insbesondere auch nicht die auf den höchsten Rang und eine Spitzenstellung.
măgĭs Adverb mehr, größer
quis vēnĕrĭs Konjunktiv Perfekt im indirekten Fragesatz
māllĕ, mālō, mālŭī lieber wollen – aus **magis velle**
māllem 1. Pers. Sing. Imperf. Konjunktiv: ich würde lieber wollen, möchte lieber
hŏnĕstus, a, um ehrenvoll – Adverb: **hŏnĕstē**
turpis, is, e schändlich, schimpflich – Adverb: **túrpĭtĕr**

In dem **Properz-Distichon** und den **Hexametern** von Horaz habe ich jeweils die sechs Silben unterstrichen, mit denen der Verfuß (Daktylus oder Spondeus) beginnt und die den Iktus tragen.

Pensum octōgēsimum tértium

Nōscĕ tē ipsum! *Erkenne dich selbst!*

(Übersetzung einer Inschrift am Apollo-Tempel in Delphi: ΓΝΩΘΙ ΣΕΑΥΤΟΝ [GNŌTHI SEAUTON])

Quid ŏpŭs nōtă nōscĕrĕ? *Was ist es nötig, Bekanntes kennenzulernen?*

(Plautus, Miles gloriosus 636)

Nōvī ingĕnĭŭm mŭlíĕrŭm. *Ich kenne die Sinnesart der Frauen.*

(Terenz, Eunuchus 812)

Nōn nōstī nōmen mĕŭm? *Du kennst meinen Namen nicht?*

(Plautus, Menaechmi 294)

Nōn nōvĭt vĭrtūs călămĭtātī cēdĕrĕ. *Die Tapferkeit kennt es nicht, einer Schwierigkeit aus dem Wege zu gehen.*

(Publilius Syrus, Sent. N 26)

Quī tĭmĕt ămīcŭm, vim nōn nōvĭt nōmĭnĭs. *Wer den Freund fürchtet, kennt nicht die Bedeutung des Wortes.*

(Publilius Syrus, Sent. Q 40)

Unum cum nōrĭs,
omnēs nōrĭs.

Wenn du einen kennen wirst,
wirst du alle kennen.

(Terenz, Phormio 265)

Quam quisque nōrĭt artĕm,
in hăc sē exércĕăt.

Welche Kunst jeder verstehen mag,
in der möge er sich üben.

(Griech. Sprichwort, bei Cicero, Tusc. disput. 1, 41 zitiert)

Quodque părŭm nōvĭt, nēmō dŏcērĕ pŏtĕst.

Was immer er zu wenig kennt,
kann niemand lehren.

(Ovid, Tristia 2, 348)

nōscĕre, nōscō, novi, notum kennen lernen, erkennen, kundig werden aus **gnōscĕre**, wo die Verwandtschaft mit dem griechischen **gnōthi** erkennbar wird (in **cognōscĕre** erhalten!)

Mit dem **Präsensinfix** -sc- verbindet sich oft der Sinn des Eintretens einer Handlung: vgl. **dĭscĕrĕ crēscĕrĕ, cŏncŭpīscĕrĕ**. Diese Verben heißen **Verba incohātīva – incohāre** heißt anfangen.

Das Perfekt **nōvī** *ich habe erkannt = ich weiß, ich kenne* muss als sogenanntes **präsentisches Perfekt** verstanden werden. Das **Plusquamperfekt nōvĕrăm** heißt entsprechend: *ich wusste*, das Futur II **nōvĕrō**: *ich werde wissen*.

Beim Perfektstamm gebraucht das Lateinische gern verkürzte, sog synkopierte (d.h. zusammengeschlagene) Formen, wie wir schon bei adorāstī, p. 69, bei răpŭērĕ, p. 78, coluēre, p. 79, periēre und vixēre, p. 81 gesehen haben. Hier heißt es entsprechend:
nōstī statt **nōvĭstī**
nōrĭs statt **nōvĕrĭs** (2. Pers. Futur II)
nōrĭt statt **nōvĕrĭt** (3. Pers. Perf. Konjunktiv bzw. Futur II).

ŏpŭs est es ist nötig
călămĭtās, tātĭs f. Schaden, Unheil, Missgeschick – Fremdwort *Kalamität*
vis, vim, vi f. Macht, Kraft, Bedeutung
exĕrcērĕ, exercĕō, exercŭī, exércĭtŭm üben, ausbilden – Fremdw. *exerzieren*
quodque Relativpronomen durch – que verallgemeinert
părŭm Adverb zu wenig

Pensum octōgésĭmum quartum

Multă mĕmĭnī, multă audīvī,
multă lēgī, Quirītēs;
nihil ex ómnĭŭm saecŭlōrŭm
mĕmŏrĭā tālĕ cognōvī.

Ich erinnere mich an vieles, habe vieles gehört,
vieles gelesen, Bürger;
nichts derartiges – seit
Menschengedenken – habe ich kennengelernt.

(Cicero, Orat. Philipp. 4, 3)

Sŭăm quisque hŏmō
rem mĕmĭnĭt.

Jeder Mensch erinnert sich
an seine eigene Angelegenheit.

(Plautus, Mercator 1011)

Iŭvăt, ō, mĕmĭníssĕ beātī témpŏrĭs.

O, es macht Freude,
sich der glücklichen Zeit zu erinnern!

(Ovid, Metam. 7, 797f.)

Memini tui, memento mei!

Ich gedenke deiner, gedenke du meiner!

(Ringinschrift)

Etiam quī făcĭŭnt, ōdērŭnt iniūrĭăm.

Auch die es tun,
hassen das Unrecht.

(Publilius Syrus, Sent. E 10)

Vērĭtās ōdĭt mŏrās.

Wahrheit hasst Aufschub.

(Seneca, Ödipus 850)

Ódĕrĭnt, dum prŏbĕnt.

Sie mögen mich (ruhig) hassen,
solange sie (mich) anerkennen.

(Sueton, Vita Tiberii 59, 2)

Odĕrĭnt, dum métŭănt.

Sie mögen hassen, solange sie fürchten.

(Sueton, Vita Caligulae 30, 1)

Dīmĭdĭŭm factī,
quī coepĭt, hăbĕt.
Săpĕrĕ audē,/íncĭpĕ!

Die Hälfte des Werks hat in der Hand,
wer begonnen hat.
Wage es, vernünftig zu sein, fang an!

(Horaz, epist. 1, 2, 40 f.)

Schon bei **nōvī** *ich weiß, ich kenne* (p. 83) ist ein **Perfektstamm mit Präsensbedeutung** aufgetreten. Während dort aber auch der Präsensstamm **nōscĕrĕ** *kennen lernen* greifbar ist, fehlt ein solcher bei den Verben
mĕmĭnĭsse, mémĭnī (mit Akk. oder Genitiv) sich erinnern, eingedenk sein (altes reduplizierendes Perfekt - mit Ablaut - zum Stamm **mŏn-**, der in **mŏnērĕ, mŏnĕō, mŏnŭī, mŏnĭtŭm** *erinnern, ermahnen* erscheint)
und
odisse, odi hassen (**ŏdĭŭm, ī n.** Hass)

Quĭrītēs, (i)um m. Pl. Quiriten, römische Vollbürger
ex omnium saeculōrum memoriā aus der Erinnerung aller Jahrhunderte
tālis, is, e so beschaffen, derartig
iŭvāre, iŭvō, iūvī, iūtum unterstützen, helfen; erfreuen
mementō, mementōte Imperative zu **meminisse**
meī, tuī Genitive zu **ego, tu**
mŏră, ae f. Verzögerung, Aufschub
mĕtŭĕre, metuō, metuī fürchten (Perf. ohne Veränderung)
prŏbāre, prŏbō, probāvī, probātum prüfen; billigen, gutheißen, anerkennen (Fremdw. ***probieren, probát)***
incĭpĕre, incípĭō, coepī, coeptum anfangen (auch **incēpī, inceptum**)
Im älteren Latein hieß das Simplex **căpĕre, căpĭō, cēpī, captum** (fassen, fangen, nehmen) auch noch *anfangen*. Parallele zu unserem Verb an-fangen!

Pensum octōgésĭmum quintum

Dō̱nĕc ĕrī̱s sōspē̱s, multō̱s numerā̱bĭs amī̱cōs; *Solange du glücklich bist, wirst du viele Freunde zählen,*

té̱mpŏră sī̱ fŭĕrī̱nt nū̱bĭlă, sō̱lus ĕrī̱s. *wenn die Zeiten trüb sind, wirst du allein sein.*

(Ovid, Tristia 1, 9, 5f.)

Amīcī mōrēs nōvĕrĭs, nōn ōdĕrĭs.

Den Charakter des Freundes sollst du kennen, nicht hassen.

(Publilius Syrus, sent. A 56)

Odērŭnt hilārem tristēs tristémque iocōsī.

Es hassen den Fröhlichen die Traurigen und den Traurigen die Lustigen.

(Horaz. epist. 1, 18, 89)

Vulgāre amīcī nōmen, sed rāra est fĭdēs.

Allgemein verbreitet ist die Bezeichnung „Freund“, doch selten ist die Treue.

(Phädrus, fab. 3, 9, 1)

Vulgus ămīcĭtĭās ūtilitāte prŏbăt. *Die Menge beurteilt Freundschaften nach ihrer Nützlichkeit.*

(Ovid, ep.ex Ponto 2, 3, 8)

Odī prŏfānum vulgus
et arceō.

Ich hasse das gemeine Volk
und halte es (mir) fern.

(Horaz, carm, 3, 1, 1)

Quaeris, inquit,
quid prōfēcerim:
amīcus esse
mihi coepī.

Du fragst, sagt er,
was ich vorangekommen bin?
Ich habe angefangen,
mir selbst ein Freund zu sein.

(Seneca, Ep. morales 6, 7 zitiert den Stoiker Hekaton von Rhodos)

Amōre, mōre, ōre, rē
iungúntur amīcítiae.

Durch Liebe, Sitte, Mund und Tat
knüpfen sich Freundschaften.

(Mittelalterliche Sprachspielerei., bei H. Walther 999)

Quem díligis, nī rectē mŏnĕās, ōdĕrĭs.

Wenn du, wen du liebst,
nicht richtig ermahnst, wirst du ihn hassen.

(Publilius Syrus, Sent. Q 73)

dōnĕc Konjunktion solange
sōspĕs m. f. n. gen. sōspĭtĭs wohlbehalten, glücklich
nŭmĕrāre, númĕrō, numerāvī, numerātum zählen
si fuerint Fut. II: wenn sie gewesen sein werden – wir sagen: wenn sie sind
nūbĭlŭs, a, um wolkig, trübe, düster
sōlus, a, um allein
nōvĕrĭs – ōdĕrĭs Futur zu **novisti** du kennst und **odisti** du hasst, vgl. p. 50!
hilāris, is, e fröhlich
tristis, is, e traurig
iocōsus, a, um scherzhaft, schalkhaft
vulgāris, is, e (was der große Haufe hat) allgemein üblich, gewöhnlich, alltäglich, vulgär
nōmen, nominis n. Name, Bezeichnung
vulgus, i n. Volk, Menge
ūtílĭtās, tātis f. Nützlichkeit, Nutzen
probāre, probō, probāvī, probātum prüfen, anerkennen
profānus, a, um (vor dem heiligen Bezirk – **fanum** – liegend) ungeweiht, gottlos, gemein, ***profan***
arcēre, arceō, arcui fernhalten, abwehren
prōfĭcĕrĕ proficio, prōfēcī, profectum vorwärtskommen, Fortschritte machen
ōs, ōrĭs n. Mund
iungĕrĕ, iungō, iunxī, iunctum verbinden, verknüpfen
Wortspiele waren im Mittelalter beliebt. Die Vokabeln **amor, ris m., mos, ris m., os, oris n.** und **res, rei f.** prägen sich auf diese Weise leicht ein.
ni = nisi wenn nicht

Pensum octōgēsĭmum sextum

Si áltĕrăm tālĕm victōriam rĕpŏrtāvĕrō, mĕă ĕrĭt pĕrnĭcĭēs.

Wenn ich einen zweiten derartigen Sieg davontrage, wird das mein Verderben sein.

(nach Plutarch, Moralia 184 c)

Quemcumque dĕdĕrĭt éxĭtŭm cāsus, fĕrăm.

Welchen Ausgang auch immer der Zufall gibt, ich werde (ihn) ertragen.

(Seneca, Phaedra 138)

Lāpsus sĕmĕl fit culpa, sī ĭtĕrŭm cĕcĭdĕrĭs.

Der Fehltritt wird erst Schuld, wenn du zum zweiten Mal gefallen bist.

(Publilius Syrus, Sent. L 12)

Témpŏrĕ quī longō stĕtĕrĭt, mălĕ cŭrrĕt.

Wer lange Zeit gestanden hat, wird schlecht laufen. Wer rastet, der rostet.

(Ovid, Tristia 5, 12, 25)

In lăqueōs auceps dĕcĭdĕrăt sŭōs.

In seine eigenen Fallstricke war der Vogelfänger gefallen.

(Ovid, Remedia amoris 502)

Die erste Sentenz ist die lateinische Form eines Satzes, den der König **Pyrrhus** von Epirus (nordwestliches Griechenland) gesagt haben soll. Pyrrhus sah sich gern als zweiten Alexander. Als ihn 280 v. Chr. die griechische Kolonie Tarent (Italien) gegen die Römer zu Hilfe rief, kam er nach Italien und besiegte die Römer. Die Schlacht war jedoch für Pyrrhus so verlustreich, dass sie zu dem geflügelten Wort vom **„Pyrrhussieg“** Anlass gegeben hat. Damit meint man einen Sieg, der unter unverhältnismäßig hohen Opfern errungen ist.

In den Texten oben kommt einige Male das **Futur II** vor.
Wir müssen diese Formen zwar erkennen können, übersetzen sie aber kaum einmal wörtlich in ihrer umständlichen Genauigkeit. Auch für das einfache Futur zieht unsere Sprache ja das Präsens vor. Ich übersetze also

sī reportāvĕrō *wenn ich davongetragen haben werde* mit ***wenn ich davontrage,***
quemcumque dederit *welchen auch immer er gegeben haben wird* mit ***welchen er gibt,***
si cĕcídĕrĭs *wenn du gefallen sein* wirst mit ***wenn du gefallen bist***
qui stĕtĕrĭt *wer gestanden haben wird* mit ***wer gestanden hat,***

rĕportāre, reportō, reportāvī, reportātum zurücktragen, davontragen – Fremdwörter ***Report, Reporter, Reportage***
tālis, talis, tale so beschaffen, derartig
perníciēs, perniciēī f. das Verderben, der Untergang
stāre, stō, stĕtī, stătum stehen (Reduplikation)
longō tĕmpŏrĕ Abl. temporis in einer langen Zeit
mălĕ Adverb zu **mălus, a, um** schlecht
currĕrĕ, currō, cŭcúrrī, cŭrsŭm laufen (Reduplikation)
curret Futur: er wird laufen
éxitus, us m. Ausgang
cāsus, ūs m. Fall
lāpsus, ūs m. Ausgleiten, Fehltritt, Fehler
sĕmĕl (Numerale, Adverb) einmal; ein für alle Mal; erst
ítĕrŭm Adverb zum zweiten Mal, abermals
cădĕre, cădō, cĕcĭdī (cāsūrŭs) fallen (Reduplikation!)
dēcĭdĕrĕ, dēcĭdō, dēcĭdī herabfallen, in etw. hineingeraten
decíderat Plusquamperfekt
auceps, aucipitis m. Vogelfänger
lăqueus, i m. Fallstrick, Fangstrick

Pensum octōgēsĭmum séptĭmum

Quod dubitēs, nē fēcĕrĭs! *Was du in Zweifel ziehst, das tu nicht!*
(Plinius d. J., ep. 1, 18, 5 zitiert diesen Satz als alte Regel.)

Mălum nē ălĭēnum fēcĕrĭs tuum gaudium! *Mach nicht fremdes Unglück zu deiner Freude.*
(Publilius Syrus, Sent. M 72)

Fūmantem nāsum vīvī ursī nē temptāvĕrĭs! *Untersuche nicht die dampfende Nase eines lebenden Bären!*
(Martial, Epigramme 6, 64, 28)

Māiōrī cŏncēdĕ, mĭnōrĕm nē contémpsĕrĭs! *Dem Größeren lass den Vorrang, den Geringeren verachte nicht!*
(Disticha Catonis 10 und 47)

Nē istud dīxĕrĭs! *Sag das nicht!*
(Phaedrus, Appendix Perottina 13, 4)

Nēmĭnĕm rīsĕrĭs! *Verlach niemanden!*
(Ps.-Cato, brev.sent. 31)

Aegrē reprēndās, quod sĭnās cōnsuēscĕre. *Schwerlich magst du wohl tadeln, was du zur Gewohnheit werden lässt.*
(Publilius Syrus, Sent. A 52)

Cōnsuētă vĭtĭă fĕrĭmŭs, nŏvă rĕprēndĭmŭs. *Gewohnte Fehler ertragen wir, neue tadeln wir.*
(Publilius Syrus, Sent. C1)

Rĕspĭcĕre nihĭl cōnsuēvit īrācŭndia. *Auf nichts pflegt Jähzorn Rücksicht zu nehmen.*
(Publilius Syrus, Sent. R 12)

Hier lernen wir die zweite Möglichkeit kennen, einen **verneinten Imperativ** auszudrücken. Gleichbedeutend mit **nōlī făcĕrĕ!** lässt sich sagen: **nē fēcĕrĭs!** Das ist der **Konjunktiv des Perfekts**, also genau genommen: ***du mögest nicht getan haben!*** Bei solchem Gebrauch verliert das Perfekt jedoch den Charakter einer Zeitstufe.

dubitāre, dubitō, dubitāvī, dubitātum bezweifeln, Bedenken haben, etwas hin und her überlegen
quod dubitēs etwas von der Art, dass ... Konjunktiv wegen des konsekutiven Sinnes
mălum, i n. Übel Unglück
fūmāre rauchen, dampfen
nāsus, i m. Nase
ursus, i m. Bär
vīvus, a, um lebend, lebendig
cŏncēdĕre, cŏncēdō, concĕssī, concĕssum weichen, sich entfernen; nachgeben, erlauben – Fremdwörter: ***Konzession, konzessiv*** (einräumend – gramm. Begriff)
cŏntĕmnĕre, contemnō, contempsī, contemptum verachten, herabsetzen
rĕprēndĕre (rĕprĕhēndĕre), reprēndō, reprēndī, reprēnsum festhalten; tadeln
sĭnĕre, sinō, sīvī, sĭtum zulassen, erlauben
quod sĭnās: von der Art, dass – konsekutiver Sinn des Nebensatzes
cōnsuēscĕre, cōnsuēscō, cōnsuēvī, cōnsuētum sich gewöhnen, gewohnt werden
cōnsuēvī ich habe mich gewöhnt = ich bin gewohnt, ich pflege zu tun (Präsens!)
rĕspĭcĕre, respíciō, respĕxī, respectum zurückschauen, Rücksicht nehmen
Zu **rĕspĭcĕre** gehört als Substantiv **respéctus, us m.** ***Respekt.*** – Ebenfalls zum Stamm von (con)spĭcĕre die Fremdwörter ***Aspekt*** Ansicht, ***Prospekt*** Vorausschau.
īrācundia, ae f. Zorn, Jähzorn

Pensum duodēnōnāgēsĭmum

Sī tacuíssēs, phĭlósŏphŭs mānsĭssēs.	*Wenn du geschwiegen hättest, wärest du ein Philosoph geblieben.* (Boethius, de consolatione philosophiae 2, 7)
Tăcĕnt: sătĭs laudant.	*Sie schweigen, da loben sie genug.* (Terenz, Eun. 476)
Tăcērĕ multīs dīscĭtŭr vītae mălīs.	*Schweigen lernt man in vielen üblen Lagen des Lebens.* (Seneca, Thyestes 319)
Cum tăcent, clāmant.	*Indem sie schweigen, schreien sie.* (Cicero, in L. Catilinam 1, 21)
Nōn oculī tacuēre tuī.	*Deine Augen schwiegen nicht.* (Ovid, Amores 2, 5, 17)
Sī mūtī fuíssent Cicerō et Demosthenēs, et diūtius vīxissent et lēnĭŭs obĭīssent.	*Wenn Cicero und Demosthenes stumm gewesen wären, hätten sie länger gelebt und wären sanfter gestorben.* (Seneca, De remediis fortuitorum 12, 4)
Héctŏră quis nōsset, fēlīx sī Trōiă fŭísset?	*Wer würde Hector kennen, wenn Troja glücklich gewesen wäre?* (Ovid, Tristia 4, 3, 75)

Der Konjunktiv des Plusquamperfekts dient u. a. dazu, **irreale Bedingungen in der Vergangenheit** auszudrücken, und entspricht damit unserem eigenen Sprachgebrauch.
Später wird er uns irgendwann **in Nebensätzen** begegnen, bei denen *wir* für die Übersetzung keinen Konjunktiv gebrauchen. Doch das ist eine **cūra postérior**, *eine spätere Sorge*!
Die Bildung der Formen des Konjunktivs Plusquamperfekt Aktiv ist äußerst einfach: an den Infinitiv des Perfekts werden die Personal-Endungen angehängt.

Text 1 geht auf den christlichen Philosophen **Boëthius** (um 500 n. Chr.) zurück. Er erzählt in seiner Schrift De consolatione philosophiae, Vom Trost der Philosophie (2, 7, 67 ff.) von einem Mann, der als Philosoph gelten möchte. Dieser entlarvt sich jedoch durch eine arrogante Frage und bekommt darauf die bissige Antwort, die berühmt geworden ist.

Demosthenes und **Cicero (Text 6)** haben beide sog. Philippische Reden gehalten.
Demosthenes bekämpfte den Makedonenkönig Philipp II., der die Vorherrschaft über Griechenland anstrebte.
Cicero hielt nach Caesars Tod 14 Reden gegen Marcus Antonius, die er nach dem Vorbild des Demosthenes **Philippica** nannte. –
Demosthenes wurde 323 v. Chr. zum Tode verurteilt, entkam und nahm sich mit Gift das Leben.
Cicero fiel im Herbst 43 v. Chr., als die Caesar-Erben ein Triumvirat geschlossen hatten, auf Veranlassung von M. Antonius Proskriptionen zum Opfer. Auf der Flucht aus Rom wurde er am 7. Dezember 43 von den Leuten des M. Antonius ermordet.

tăcērĕ, tăcĕō, tăcŭī, tăcĭtŭm schweigen
mănērĕ, mănĕō, mānsī, mānsŭm bleiben
phĭlŏsŏphŭs, philosophī m. Philosoph (wörtl. Freund der Weisheit)
dīscĭtŭr es wird gelernt = man lernt
cum Konj. mit dem Indikativ indem
tacuēre = tacuērunt
mūtus, a, um stumm
obīre, obĕō, obĭī, obĭtum entgegengehen, sterben **(mortem obīre)**
diutius Komparativ von **diū** lange
lēnis, is, e sanft, Komparativ als Adv. **lēnius**
Hector, is m. Sohn des Königs Priamus, **Héctŏră** ist der gr. Akk.
nōsset = nōvisset

Pensum ūndēnōnāgēsimum

Ut seméntem fēcĕrĭs, ita mĕtēs. *Wie du die Aussaat gemacht haben wirst, so wirst du ernten.*

(Sprichwort, bei Cicero, De oratore 2, 261 zitiert)

Māiorque vidētur et mĕlĭŏr vīcīnă sĕgĕs. *Größer scheint und besser die Saat des Nachbarn.*

(Juvenal, Sat.14, 142f.)

Nōn vĭdĕŏr mĕrŭísse laudem. *Ich scheine kein Lob verdient zu haben.*

(Plautus, Trinummus 1129)

Pauca mihi vidéntur esse dīcenda. *Nur wenige (Worte) scheinen mir gesagt werden zu müssen.*

(Cicero, in Verrem 2, 2, 2)

Quod dăre nōn possīs, verbīs prōmĭttĕre nōlī,
nē sīs ventōsus, dŭm vĭr bŏnŭs esse vidēris.

Was du nicht geben kannst, versprich nicht mit Worten damit du nicht ein Aufschneider bist, während du ein guter Mann zu sein scheinst.

(Dist. Catonis 1, 25)

Esse quam vidērī bŏnŭs mālēbăt. *Er wollte lieber gut sein als scheinen.*

(Sallust, Bellum Catilinarium 54, 6 über Cato den Jüng.)

Arduum vidētur rēs gestās scrībĕre. *Es scheint schwierig, Geschichte zu schreiben.*

(Sallust, Bellum Catilinarium 3, 2)

Quī tăcĕt, cōnsĕntīrĕ vĭdētŭr. *Wer schweigt, scheint zuzustimmen.*

(Papst Bonifaz VIII., 13. Jahrh.)

Mihi ĕnim līber esse nōn vidētur,
quī nōn ălĭquándō nihil ăgĭt.

Mir nämlich scheint nicht frei zu sein, wer nicht irgendwann nichts tut.

(Cic., de oratore 2, 24)

sēmĕntĭs, sēmentis f. Aussaat, Säen
mĕtĕrĕ, mĕtō, mĕssŭī, mĕssŭm mähen, abmähen, ernten
māiorque: ich verstehe **-que** und das folgende **et** wie **et … et** *sowohl größer … als auch besser*

vĭdērī ***gesehen werden*** wird häufig in einer Weise verwendet, die die Übersetzung mit ***scheinen*** nahelegt. Es verbindet sich mit dem **Nominativus cum infinitivo**, kurz: **N.c.I.** genannt. Präsensformen: **videor, videris, videtur, videmur, videmini, videntur.**
Ähnlich kann auch das Passiv der Verben des Sagens und Meinens mit dem N. c. I. konstruiert werden, s. pensum 131!

vīcīnŭs, a, um benachbart, dem Nachbarn gehörig
sĕgĕs, sĕgĕtĭs f. Saat, die auf dem Feld steht, Saatfeld
mĕrēre, mĕrĕō, mĕrŭī, mĕrĭtum verdienen – Fremdw. ***Meriten, pour le merite***
esse dicenda Gerundivum; vgl. pensum 37!
quod … possīs konsekutiver Sinn: etwas von der Art, das du nicht geben kannst
promittĕre, promittō, promīsī, promissum versprechen
ventōsus, a, um windig, prahlerisch
mālle, mālō, mālŭī lieber wollen (aus **magis velle**)
arduus, a, um steil, schwierig
rēs gestae, rērum gestārum f. pl. Taten, Geschichte – **rem gĕrĕre (gerō, gĕssī, gestum)** eine Tat vollbringen
cōnsentīre, cōnsentiō, cōnsēnsī, cōnsēnsŭm übereinstimmen, einverstanden sein.
Das Substantiv aus dem Supinum: **cōnsēnsus, ūs m.** – unser Fremdwort ***Konséns.***
ălĭquăndō irgendwann

Pensum nōnāgēsĭmum

Inventūrīs invéntă nōn óbstănt.

Denen, die erfinden wollen, steht Erfundenes nicht im Wege.

(Seneca, epist. morales 79, 6)

Nōn prōfĕctūrīs lītŏră būbŭs ărās.

Mit Rindern, die nicht vorankommen werden, pflügst du den Strand.

(Ovid, Heroides 5, 116)

Mălō etiam părcās, sī ūnā est perĭtūrus bŏnŭs.

Du mögest auch den Bösen schonen, wenn zugleich ein Guter dabei ist umzukommen.

(Publilius Syrus, Sent. M 37)

Nōn vīvunt, sed vīctūrī sunt: ómnĭă dífferŭnt.

Sie leben nicht, sondern wollen demnächst leben: alles schieben sie auf.

(Seneca, ep.morales 45, 13)

Quem vērō ărrĭpŭĭt,
tĕnĕt ŏccīdĭtque lĕgĕndō,
nōn missūră cŭtĕm
nisi plēnă crŭōrĭs hĭrūdō.

Wen er aber erwischt hat,
den hält er und bringt ihn um mit dem Lesen,
(wie) ein Egel, der die Haut nicht
loslassen wird, ehe er voll Blut ist.

(Horaz, Ep.ad Pisones 475 f. über einen aufdringlichen Rezitator)

Plătōn et Arĭstŏtĕlēs et ŏmnĭs
in dīvĕrsŭm ĭtūră
săpĭĕntĭŭm turbă
plūs ex mōrĭbŭs
quam ex verbīs Sōcrătĭs trāxĭt.

Platon und Aristoteles und die ganze
Schar der Weisen, die in unterschiedliche
Richtungen gehen sollte,
hat mehr (Gewinn) aus dem Charakter
als aus den Worten des Sokrates gezogen.

(Seneca, epist. morales 6, 6)

Neben dem Partizip Präsens Aktiv und den Partizip Perfekt Passiv kennt das Lateinische auch ein **Partizip Futur mit aktiver Bedeutung.** Es wird vom Supinstamm gebildet und hat die Endung **-ūrus, a, um.**

ventūrus heißt: *einer, der kommen wird oder will; im Begriff zu kommen.*

invĕnīrĕ, invĕnĭō, invēnī, invĕntŭm finden, erfinden
ŏbstārĕ, óbstō, óbstĭtī entgegenstehen, im Wege stehen, hinderlich sein
prōfĭcĕrĕ, prōfĭcĭō, prōfēcī, prōfĕctŭm voranmachen, vorwärtskommen
bōs, bŏvĭs m., f. Rind, Kuh, Ochse – Dat. und Abl. Plural **būbŭs**
lītŭs, lītŏrĭs n. Strand, Gestade
ărārĕ, ărō, ărāvī, ărātum pflügen, beackern
părcĕre, părcō, pĕpĕrcī (mit dem Dativ) Schonung gewähren, schonen, sparen
ūnā Adv. zusammen, gleichzeitig
arrĭpĕrĕ, arrípĭō, arrípŭī, arréptŭm an sich reißen (zu **răpĕrĕ**)
occīdĕrĕ, occīdō, occīdī, occīsum niederschlagen, umbringen – langes **ī**, da Kompositum von **caedĕrĕ, caedō, cĕcīdī, caesum** fällen, schlagen
zu **cădĕrĕ, cădō, cĕcĭdī, cāsūrŭs** fallen heißt das entsprechende Kompositum
ŏccĭdĕre, óccĭdō, óccĭdī, occāsŭm untergehen – das **ă** wird zu **kurzem ĭ!**
mĭttĕrĕ, mĭttō, mīsī, mĭssum schicken, loslassen
cŭtĭs, is f. Haut (indogerm. urverwandt mit ***Haut***!)
plenus, a, um mit dem Genitiv voll
crŭŏr, crŭōrĭs m. Blut
hĭrūdō, dinis f. Blutegel
turba, ae f. Schar, Menge
dīvĕrsŭs, a, um nach verschiedenen Seiten gewandt
trăhĕrĕ, traho, traxi, tractum ziehen, schleppen

Pensum nōnāgēsĭmum prīmum

Nōlī turbāre circulōs meōs! *Bring meine Kreise nicht durcheinander!*

(Valerius Maximus, Facta et dicta memorabilia 8, 7)

Ita nōbĭlíssima Graeciae cīvĭtās, *So hätte die vornehmste Stadt Griechenlands,*
quōndam vērō etiam doctíssima, *einstmals aber auch die gelehrteste,*
sŭī cīvĭs ūnīŭs ăcūtissimī *ihres einzigartigen Bürgers, des Spitzengelehrten*
mŏnŭmĕntum īgnōrāsset, *Grabdenkmal nicht gekannt,*
nĭsī ab hŏmĭnĕ Arpīnāte dĭdĭcísset. *wenn sie es nicht von einem Menschen aus Arpinum erfahren hätte.*

(Cicero, Tusculanae disputationes 5, 23)

Der erste Text oben bringt den berühmten Mathematiker und Physiker **Archimédes** in unser Blickfeld. **Archimedes** (geb. 287 v. Chr. in Syrakus) kam bei der Eroberung von **Syrakus** durch die Römer im Jahre 212 ums Leben, als Soldaten in sein Haus eindrangen und ihn nicht als den berühmten Mann erkannten, den ihr Feldherr Marcellus auf jeden Fall geschont wissen wollte. Er saß in seinem Hof und war damit beschäftigt, geometrische Figuren und mathematische Formeln in den Sand zu zeichnen. Dem eindringenden Soldaten soll er etwas in der Art des obigen bei **Valerius Maximus** überlieferten Satzes gesagt haben.

Im Jahr 75 v. Chr. kam **M. Tullius Cicero** als **Quaestor nach Sizilien**. Cicero war im Jahre 106 v. Chr. in **Arpinum** geboren, einem bescheidenen Landstädtchen in Latium.

Jetzt, mit 31 Jahren, war er schon ein bekannter Anwalt und Redner, dazu von Jugend auf in der griechischen Wissenschaft zu Hause. In **Syrakus** begab er sich auf die Suche nach Erinnerungen an **Archimedes** und stellte fest, dass man ihm 137 Jahre nach dem Tode des großen Gelehrten nicht einmal mehr dessen Grab zeigen konnte. Cicero hatte jedoch gehört, dass das Grabmal des Archimedes von einer Kugel und einem Zylinder gekrönt gewesen sei. Er sah sich ein Gräberfeld am Stadttor nach Agrigent genauer an und entdeckte in der Tat unter dichtem Gestrüpp die Säule mit der Kugel und dem Zylinder. Er ließ die Stelle frei legen und säubern und fand auf dem Grabstein auch das Epigramm, das ihn zu seiner Suche veranlasst hatte. Mit Stolz erzählt er davon später in den **Tusculanae disputationes.** Der Bericht schließt mit dem Satz, der oben der zweite Text ist.

turbāre, turbō, turbāvī, turbātum durcheinanderbringen, aufwühlen
circulus, circulī m. Kreis
nōbĭlĭs, nobilis, nobile vornehm, bekannt, Superlativ: **nobilíssimus, a, um**
cīvĭtās, cīvĭtātĭs f. Bürgerschaft, Stadtstaat, Stadt
Graecĭă, Graeciae f. Griechenland und die Kolonien in Süditalien/Sizilien
quōndam Adverb einst, einstmals
vērō Konjunktion aber
doctus, a, um gelehrt, gebildet – Superlativ **doctissimus, a, um**
cīvĭs, civis m. Bürger
ūnus, a, um einer, ein Einziger, einzigartig, Genitiv **ūnīŭs,** Dativ **ūnī**
acūtus, a, um geschärft, spitz; scharfsinnig, geistreich – Superl. **acūtíssimus, a, um**
mŏnŭmĕntum, monumentī n. Denkmal
īgnōrāre, īgnōrō, īgnōrāvī, īgnōrātum nicht wissen, nicht kennen; **īgnōrāsse** statt īgnōrāvisse ist als Bildung des **Inf. Perf. der ā-Konjug.** häufig
Arpīnās, Arpīnātis m. (Adjektiv zu **Arpīnum**) arpinatisch, aus Arpinum
dīscĕrĕ, dīscō, dĭdĭcī lernen, erfahren

Pensum nōnāgēsĭmum áltĕrum

O vītae philosophíă dŭx,
o virtūtis indāgātrix
expultríxque vĭtĭōrum!
Quid nōn mŏdŏ nōs,
sed omnīnō vītă hŏmĭnŭm
sĭnĕ tē esse potuísset?
Tū urbēs pĕpĕrĭstī,
tū dissipātōs hominēs in
societātem vītae convocāstī,
tū ĕōs inter sē prīmō dŏmĭcĭlĭīs,
deinde cŏniŭgĭīs,
tum litterārum et vōcŭm
commūnĭōnĕ iunxistī.
Tū invéntrix lēgŭm,
tū magístră mōrŭm et
disciplīnae fuistī.
Ad tē cōnfŭgĭmus,
ā tē ŏpĕm pĕtĭmus,
tibi nōs,
ut antĕā magnā ex parte,
sīc nunc pĕnĭtŭs tōtōsque trādĭmus.

O Führerin des Lebens, Philosophie,
o Erforscherin der Tugend und
Vertreiberin der Laster!
Was hätten nicht nur wir,
sondern insgesamt das Leben der Menschen
ohne dich sein können?
Du hast die Städte hervorgebracht,
du hast die verstreuten Menschen zur
Gemeinschaft des Lebens gerufen,
du hast sie untereinander zuerst in Häusern,
darauf in Ehegemeinschaften,
dann in der Gemeinsamkeit von Schrift
und Wort verbunden.
Du bist die Erfinderin der Gesetze,
du die Lehrerin der Sitten und
der Zucht gewesen.
Zu dir flüchten wir uns,
von dir erbitten wir Hilfe,
dir übergeben wir uns,
wie früher zu einem großen Teil,
so jetzt bis ins Innerste und ganz.

(Cicero, Tusculanae disputationes 5, 2, 5)

Mit dem nicht zuletzt durch seine eigenen Schriften in Rom heimisch gewordenen Begriff **„Philosophie“**, d. h. Liebe zur Weisheit, verbindet Cicero hier die gesamte Leistung der menschlichen Zivilisation und Kultur. Für ihn ist die Philosophie die geistige Kraft, die die menschliche Gemeinschaft hervorgebracht und entfaltet hat.

Die letzten drei Zeilen scheinen auf den biographischen Hintergrund des Textes hinzuweisen. Als Caesars Aufstieg Cicero zum Rückzug aus der Politik veranlasst hatte, widmete er sich in seinen letzten Jahren ganz der Philosophie.

dŭx, dūcĭs m., f. Führer, Führerin
indagātrix, icis f. Erforscherin – weibl. Form zu **indagātor, oris n.** Erforscher, eigentl. Aufspürer des Wildes – **indagāre** ist die Aufgabe des Jagdhundes
expúltrix, icis f. Vertreiberin – zu **expĕllĕre, expellō, expulsī, expulsum** heraustreiben
nōn mŏdŏ nicht nur
omnīnō gänzlich, überhaupt
părĕre, părĭō, pĕpĕrī, partum hervorbringen, gebären (**păréntes** Eltern!)
dissipāre zerstreuen, verteilen
societās, tātĭs f. Gemeinschaft
cŏnvŏcāre, cóvŏcō, convŏcāvī, convŏcātum zusammenrufen
prīmō Adv. zuerst
dĕĭndĕ Adv. darauf
tum Adv. dann
dŏmĭcīlium i n. Wohnstatt, Haus
cŏniŭgĭum, i n. Ehe
vŏx, vōcĭs f. Stimme, Sprache – Gen. Pl. **vŏcŭm**
commūniō, ōnĭs f. Verbindung, Vereinigung
iungĕre, iungō, iunxī, iunctum verbinden
invéntrix, ĭcĭs f. Erfinderin – zum Verb **invĕnīre** finden, erfinden
cōnfŭgĕre, cōnfŭgĭō, cōnfūgī flüchten, seine Zuflucht nehmen
ŏpĕm pĕtĕre, pĕtō, pĕtīvī, pĕtītum Hilfe erbitten
ăntĕā Adv. vorher
trādĕre, trādō, trādĭdī, trādĭtum übergeben, überliefern (Fremdw. ***tradieren, Tradition***)
magnā ex parte zu einem großen Teil
pĕnĭtŭs Adverb inwendig, bis ins Innerste
tōtōs Akk. Pl. m. wie **nōs:** uns als ganze

Pensum nōnāgēsĭmum tértĭum

Prīmă Cĕrēs uncō glaebam dīmōvit arātrō,
prīmă dĕdĭt frūgēs ălĭméntăque mītĭă terrīs,
prīmă dĕdĭt lēgēs: Cĕrĕrĭs sunt ómnĭă mūnŭs.
Illă cănĕndă mĭhī est. ŭtĭnăm mŏdŏ dīcĕrĕ pŏssĕm
cărmĭnă dīgnă dĕā: cĕrtē dĕā cármĭnĕ dīgnă est.

Als erste teilte Ceres mit dem
gekrümmten Pflug die Scholle,
als erste gab sie Feldfrüchte und
sanfte Nahrung den Böden,
als erste gab sie Gesetze:
der Ceres Geschenk ist alles.
Jene muss ich besingen.
O dass ich nur anstimmen könnte
Lieder, der Göttin würdig:
gewiss ist die Göttin würdig des Liedes.
(Ovid, Metamorphosen 5, 341 – 345)

Cĕrēs, Cĕrĕrĭs f. die Göttin der Feldfrucht, ist eine altitalische Gottheit, deren Name wahrscheinlich mit den Verben ***crĕāre*** *erschaffen* und ***crēscĕre*** *wachsen* verwandt ist.
Das Fest der Ceres vom 12. bis zum 19. April waren die **Cĕrĕālia**. Das Adjektiv **Cĕrĕālĭs, e** bezeichnet das, was zu Cĕrēs und damit auch zum Getreide gehört. Im alten Rom gab es einen Ceres-Tempel mit Asylrecht, die **aedēs Cĕrĕrĭs.** Dieser Tempel war ein sakraler Mittelpunkt für die **plēbs**, d. h. das niedere Volk. Hier wurde auch Markt gehalten.

Unter griechischem Einfluss wurde **Cĕrēs** mit der griechischen Erdgöttin **Dēmētēr,** der Göttin des Getreidebaus, gleichgesetzt.
Ovid erzählt in den **Metamorphosen** den griechischen **Mythos** von **Dēmēter** (**Cĕrēs**) und ihrer Tochter **Perséphonē (lat. Prōsérpĭnă). – Hādēs (Plūtō, lat. Dīs**), der Gott der Unterwelt, hat sich in Perséphone verliebt und sie entführt. Demeter irrt in ihrem Schmerz um die verlorene Tochter rastlos durch die Länder und vernachlässigt die Erde, so dass nichts mehr wächst und die Menschen Hunger leiden. Schließlich erreicht sie bei Zeus, dass Hades Persephone herausgeben muss. Dieser lässt sie jedoch von der Speise der Toten, das sind

Granatapfelkerne, essen und erreicht damit, dass sie jeweils ein Drittel des Jahres bei ihm in der Unterwelt verbringen muss. In jedem Frühling bringt Demeters Freude über die Rückkehr der Tochter Blumen, Früchte und Getreide hervor. Im Herbst, wenn sie geht, kehrt die Trauer zurück, die Natur stirbt.

Schon seit dem 8. Jh. v. Chr. gab es in **Eleusis,** 20 Kilometer westlich von Athen, eine Kultstätte, an der **Dēmētēr** und **Perséphone** (die **Kŏrē**, *das Mädchen*, wie die Griechen sie nannten) verehrt wurden. Der Ort war eine der berühmtesten heiligen Stätten Griechenlands. In der Höhle des Pluto innerhalb des Heiligtums nahm man einen der Zugänge zur Unterwelt an. Eleusis wurde 395 n. Chr. von den Westgoten unter ihrem König Alarich zerstört.

uncus, a, um gekrümmt, gebogen
glaeba, glaebae f. Erdscholle
dīmŏvērĕ, dīmŏvĕō, dīmōvī, dīmōtŭm (auseinanderbewegen) trennen, teilen
arātrum, arātrī n. Pflug
frūgēs, frūgŭm f. plur. Früchte, Feldfrüchte
aliméntum, aliméntī n. Nahrung, Nahrungsmittel
mītĭs, mitis, mite mild, sanft, süß
mūnŭs, mūnĕrĭs n. Leistung, Dienst, Aufgabe; Geschenk
mĭhī canénda est: Das ist die übliche Erscheinungsform des **Gerundivums**! Wörtlich heißt es: *sie ist eine zu Besingende, sie muss besungen werden;* **die Person**, die etwas tun muss, erscheint immer **im Dativ:** ***mir (für mich)*** *ist sie eine, die besungen werden muss.*
mŏdŏ Adverb nur
cărmĕn, cármĭnĭs n. Lied, Gedicht
dīgnus, a, um würdig (einer Sache) im Lat. **mit Ablativ**, im Deutschen m. Genitiv
cĕrtē Adverb gewiss, sicher

Pensum nōnāgēsimum quartum

Nĕcĕssĭtātĭs invénta antīquĭōră sunt quam vŏlŭptātĭs.	*Die Erfindungen aus Not sind älter als die zum Vergnügen.* (Cicero, orator 185)
Nihil tăm diffícĭlĕ est, quīn quaeréndō īnvēstīgārī póssĭt.	*Nichts ist so schwierig, dass es nicht durch Forschen aufgespürt werden könnte.* (Terenz, Heauton timorumenos 675)
Utĭnăm tăm făcĭlĕ vērā invĕnīrĕ possem quam falsă cŏnvíncĕrĕ!	*O könnte ich doch so leicht das Wahre finden wie das Falsche widerlegen!* (Cic., de nat. deorum 1, 91)
Sunt ĕnĭm nŏvīs rēbŭs nŏvă pōnĕndă nōmĭnă.	*Es müssen nämlich für neue Dinge neue Namen festgesetzt werden.* (Cic., de nat. deorum 1, 44)
Bĕnĕ cōgĭtātă si éxcĭdŭnt, nōn óccĭdŭnt.	*Was gut gedacht ist, geht, wenn es (dem Gedächtnis) entfällt, nicht unter.* (Publilius Syrus, Sent. B 28)
Saepe súmmă ĭngĕnĭă in ŏccúltō látĕnt.	*Oft leben höchste Begabungen unbemerkt im Verborgenen.* (Plautus, Captivi 165)

Etliche Wörter auf dieser Seite gehören in das **Wortfeld des Forschens und Erfindens, der geistigen Tätigkeit:**
ĭnvĕnīrĕ, ĭnvĕnĭō, Part. Perf. ĭnvéntŭm *finden, erfinden* heißt wörtlich als Kompositum von **venire:** auf etwas kommen.
Für **Cicero**, Brutus 205, sind die
invéntae rēs, d. h. die Dinge, auf die die Menschen gekommen sind, der Inbegriff alles geistigen Lebens und aller Kultur.
inventa (Plural) *das Erfundene* übersetze ich mit *Erfindungen.*

94

quaerĕrĕ, quaerō, quaesīvī, quaesītum ist nicht nur (wie in p. 63) das Erwerben von Geld. Die ***Grundbedeutung suchen*** entfaltet sich reich in Richtung auf *fragen, erforschen, untersuchen, erstreben, auf etwas sinnen* und dergleichen.

Das von **quaerĕrĕ** abgeleitete Substantiv **quaestiō, quaestiōnĭs f.** ist *Befragung, Untersuchung, Thema* und lebt als ***la question, the question*** bis heute fort.

ĭnvēstīgārĕ, ĭnvēstígō aufspüren, erforschen (ursprünglich die Tätigkeit des Jägers, der die Spur – **vēstīgĭŭm** – aufspürt)

cōgĭtārĕ, cógĭtō denken – **bĕnĕ cōgĭtātă n. plur.** gut Gedachtes, gut gedachte Sachen

ĭngĕnĭŭm, ĭngénĭī n. Scharfsinn, Begabung; im Wortsinn eigentlich die ***angeborene Natur*** eines Menschen, Charakter und Gemütsart, Talent, Genie und Phantasie

nĕcéssĭtās, nĕcĕssĭtátĭs f. Notwendigkeit, Zwang, bedrängte Lage, Not
vŏlúptās, vŏlŭptátĭs f. Lust, Genuss, Vergnügen
quīn (Konjunktion) wie nicht, warum nicht, dass nicht (mit dem Konjunktiv, da es sich eigentlich um einen indirekten Fragesatz handelt)
convincĕrĕ, convincō, convīcī, convictum (siegen) widerlegen, überzeugen
falsus, a, um falsch
pōnĕrĕ, pōnō setzen, stellen, legen
ĕxcĭdĕrĕ, éxcĭdō, excĭdī, (ex und cădō) herausfallen, entfallen, entschwinden
ŏccĭdĕrĕ, óccĭdō, occĭdī, occāsum (ob und **cădō)** niederfallen, untergehen, verloren gehen, verschwinden (sōlĭs occāsus, ūs m. Sonnenuntergang)
ŏccúltŭs, a, um verborgen, geheim, versteckt
lătērĕ, lătĕō, latui verborgen, versteckt sein; verborgen bleiben, unbemerkt leben – Fremdwort ***latent***

Pensum nōnāgēsimum quintum

Stŭdĭă ădŭlēscéntĭăm ălŭnt, sĕnĕctútĕm ŏbléctănt. *Studien fördern die Jugend, das Alter erfreuen sie.*
(Cicero, pro Archia poeta 7, 16)

Sŏlvĕ sĕnēscĕntĕm mātūrē sānŭs ĕquŭm! *Spanne das alternde Pferd rechtzeitig aus, wenn du vernünftig bist.*
(Horaz, Epist. 1, 1, 8)

Obrēpĭt nōn intelléctă sĕnĕctūs. *Unbemerkt kriecht das Alter heran.*
(Juvenal 9, 129)

Multōrŭm cum făctă sĕnĕx et dĭctă rĕprēndĭs, *Wenn du vieler Verhalten und Reden als alter Mann tadelst,*
făc tĭbĭ sŭccŭrrănt, iŭvĕnĭs quae fēcĕrĭs ĭpsĕ. *lass dir einfallen, was du als junger selbst getan hast.*
(aus einer Sammlung der Disticha Catonis)

Aetātĕm álĭăm ălĭŭd făctum cóndĕcĕt. *Für ein anderes Lebensalter ziemt sich ein anderes Handeln.*
(Plautus, Mercator 984)

Nōn ómnĭă grándĭŏr aetās, quae fŭgĭāmŭs, hăbĕt: sērīs vĕnĭt ūsŭs ab ănnīs. *Nicht alles nur Dinge hat das höhere Alter, die wir nicht mögen: von den späten Jahren kommt die Erfahrung.*
(Ovid, Metamorphosen 6, 29)

Das **Wortfeld *Lebensalter*** stellt sich auf dieser Seite zu einem guten Teil dar. Einige der Begriffe sind schon bekannt:
ădŭlēscĕntĭă, adulēscentiae f. Jugendalter, Jugend – **sĕnĕctūs, senectūtĭs f.** Greisenalter, Alter – **sĕnēscĕrĕ** alt werden
sĕnĕx, sĕnĭs m. der alte Mann – **iŭvĕnĭs, iuvenis m.** der junge Mann
aetās, aetātĭs f. Zeit, Lebensalter, **grandior (aetās)** das höhere Alter, Komparativ zu **grăndĭs m. f. grăndĕ n.** groß, stark; erwachsen, bejahrt
annus, annī m. Jahr – **sērŭs, a, um** spät – **sērī ănnī pl.** die späten Jahre

ălĕrĕ, ălō, ălŭī, ăltŭm nähren, ernähren, unterhalten, fördern – das Adjektiv dazu heißt **almus, a, um** *nährend* – **alma māter** *die nährende Mutter* war bei den Römern die Göttin **Ceres** (p. 93), im späteren Europa nannte man die Universität **Alma Māter.**
ŏblĕctārĕ = **dēlĕctārĕ, dēlĕctō, dēlĕctāvī, dēlĕctātŭm** erfreuen
sŏlvĕrĕ, sŏlvō, sŏlvī, sŏlūtŭm lösen, losbinden, befreien; hier: ausspannen
mātūrē (Adverb zu **mātūrŭs, a, um** reif) rechtzeitig
sānŭs, a, um gesund, verständig, vernünftig – hier **Prädikativum**
obrēpĕrĕ, obrēpō, obrēpsī, obrēptum herankriechen, -schleichen – Fremdw. ***Reptil***
cum Konjunktion mit dem Indikativ: immer wenn, jedesmal wenn
rĕprĕhĕndĕrĕ (rĕprēndĕrĕ), reprehendō, reprehendī, reprehēnsum zurechtweisen, tadeln
sŭccŭrrĕrĕ, succúrrō, succúrrī, succúrsum (cŭrrĕrĕ!) hier: in den Sinn kommen, einfallen
făc Imperativ von **făcĕrĕ:** mach! – mit dem Konjunktiv: **(ut) succurrant** mach, dass sie **(quae …)** dir einfallen!
quae fēcĕrĭs indirekter Fragesatz- **quae** Akk. Neutr. Plur.
fēcĕrĭs Konjunktiv Perf. (Indikativ **fēcĭstī**)
cóndĕcĕt = **dĕcĕt** mit dem Akk. etwas kleidet, ziert, schmückt einen; meistens im Sinn von: etwas schickt sich, ziemt sich für einen
Zur **Wortfamilie** von **dĕcērĕ, dĕcĕō, dĕcŭī** *schmücken, kleiden* gehört das als Adjektiv gebrauchte Partizip Präsens **dĕcēns m. f. n., dĕcĕntĭs** *schicklich, anständig (dezent!)*, ferner
dĕcŭs, dĕcŏrĭs n. *Zierde, Schmuck, Ruhm;* **dĕcŏrārĕ** *schmücken;* **dĕcŏr, dĕcōrĭs m.** *Anstand; Schönheit*; **dĕcōrŭs, a, um** *schicklich, passend.*
fŭgĕrĕ, fŭgĭō, fūgī, fŭgĭtŭm fliehen; hier transitiv: etwas fliehen, meiden, nicht mögen
omnia quae fŭgĭāmus alles (von der Art, dass) konsekutiver Sinn im Relativsatz! also Konjunktiv
ūsŭs, ūsūs m. Gebrauch, Anwendung, Erfahrung, Übung, Praxis

Pensum nōnāgēsimum sextum

Hospēs, quod deicō, paullum est; āstā ac péllĕgĕ. *Fremder, was ich sage, ist wenig, bleib stehn und lies.*

Heic est sĕpŭlcrŭm hau pulcrum pulcrai fēmĭnae: *Hier ist das Grabmal, nicht schön, einer schönen Frau:*

Nōmĕn părĕntēs nōmĭnārunt Claudiam. *den Namen gaben ihre Eltern: Claudia.*

Sŭōm măreitum cordĕ deilēxit sŭō, *Ihren Gatten liebte sie in ihrem Herzen,*

gnātōs dŭōs creavit: horunc alterum *zwei Söhne brachte sie zur Welt: den einen von ihnen*

in terrā lĭnquĭt, álĭŭm sub terrā lŏcăt. *lässt sie auf der Erde zurück, den anderen hat sie unter der Erde.*

Sermōnĕ lĕpĭdō, tum autem ĭncēssū cŏmmŏdō; *Von anmutiger Rede, dazu von angenehmem Auftreten (war sie);*

dŏmŭm servāvĭt, lānăm fēcĭt. Dīxī. ábeī. *sie bewahrte das Haus, sie verarbeitete die Wolle. Ich habe (alles) gesagt. Geh fort.*

(Corpus Inscriptionum Latinarum VI 15346)

Die Grabschrift auf dieser Seite wird dem späten zweiten Jahrhundert vor Christus zugeordnet. Zum ersten Mal treffen wir hier auf eine altertümliche Sprache und eine Schreibweise, die sich an einigen Stellen von der einwandfreien klassischen Rechtschreibung unserer sonstigen Texte unterscheidet. Privatleute und Steinmetze – besonders in früher Zeit – schrieben noch nicht nach den Regeln, die sich später herausbildeten.

Das lange ī wird offenbar noch als Diphtong **ēj** gesprochen und entsprechend geschrieben, also **deico** (dīcō), **heic** (hīc), **mareitom** (marītum), **deilēxit** (dīlēxit), **ab-ei** (abī).

Alte Endungen haben die Wörter **pulcrai** (Genitiv pulchrae), **mareitom** (maritum) und **suom** (suum).

Der Genitiv Plural des hinweisenden Pronomens hic, haec, hoc hat das hinweisende **-c-** am Ende noch und heißt **horunc** *von diesen*, während uns sonst (später) immer **horum** begegnet.

Altertümlich sind auch **pellege** statt per-lege (*lies es durch*), **hau** statt haud, **gnatos** statt natos.
Schön ist jedenfalls im 2. Vers das Spiel mit den Worten **sepulcrum, pulcrum, pulcrai.**

hospēs, hospĭtĭs m. Gastfreund, Fremder
paulum (paullum) wenig
āstārĕ (adstāre), āstō, āstitī stehen, dastehen
pulcher, pulchra, pulchrum schön (altertümlich auch **pulcer, pulcra, pulcrum**)
fēmĭnă, fēmĭnae f. Frau
nōmen nōmĭnārĕ den Namen nennen, den Namen geben
nōmĭnārunt aus **nōmĭnāvērunt**
păréntēs, paréntum m. Eltern
mărītŭs, mărītī m. Gatte, Ehemann
cŏr, cŏrdĭs n. das Herz
dīlĭgĕrĕ, dīlĭgō, dīlēxī, dīlēctŭm lieben
nātus, a, um geboren – Substantiv: Kind, Knabe, Mädchen
crĕārĕ, crĕō, crĕāvī, crĕātŭm schaffen, hervorbringen
lĭnquĕrĕ, lĭnquō, līquī lassen, zurücklassen, verlassen
lŏcārĕ, lŏcō, lŏcāvī, lŏcātŭm setzen, stellen, legen, hier etwa: liegen haben
sŭb Präposition: unter – mit Ablativ (wo?), mit Akk. (wohin?)
lĕpĭdŭs, a, um anmutig, launig, treffend
tŭm autem dann weiterhin
ĭncēssŭs, ĭncēssūs m. Einhergehen, Auftreten, Gang (cedere gehen!)
cómmŏdŭs, a, um angemessen, gefällig, schicklich
lānă, lānae f. Wolle

Pensum nōnāgēsimum séptĭmum

Ergō saeptā pudicítiā ăgŭnt	*So leben sie in behüteter Sittenstrenge,*
nullīs spectāculōrum illĕcēbrīs,	*durch keine Verlockungen von Schauspielen,*
nullīs conviviōrum	*durch keine Reize von*
irrītātĭōnibus corrúptae.	*Gelagen verdorben.*
Litterārum sēcrētă vĭrī	*Die Heimlichkeit von Briefen kennen*
părĭtĕr ac fēmĭnae ignōrant.	*Männer ebenso wenig wie Frauen.*
Paucíssĭmă in tam nŭmĕrōsā	*Überaus selten sind in dem so zahlreichen*
gente ădŭltérĭă.	*Volk Ehebrüche.*
Nēmō ĕnĭm illīc vĭtĭă rīdĕt,	*Niemand nämlich belächelt dort Fehltritte,*
nec corrúmpĕrĕ et corrúmpī	*und nicht wird Verführen und*
saeculum vŏcātur.	*Verführtwerden Zeitgeist genannt.*
Mĕlĭŭs quĭdĕm adhūc ĕae	*Besser sogar sind bis heute die*
civitātēs,in quibus tantum	*Stämme dran, in denen nur*
virginēs nūbŭnt. …	*Jungfrauen heiraten …*
Sīc ūnŭm accípĭŭnt marītum,	*So erhalten sie einen einzigen Gatten,*
quōmŏdŏ ūnum corpus ūnámque vītăm,	*wie einen Körper und ein Leben,*
nē ullă cōgĭtātĭō ultrā,	*damit kein Gedanke darüber hinaus,*
nē lóngior cŭpídĭtās,	*kein weiteres Verlangen (entsteht),*
nē tămquăm marītum,	*damit sie sozusagen nicht ihren Mann,*
sed tamquam mātrĭmōnĭŭm ămĕnt.	*sondern gleichsam die Ehe lieben.*
… plūsque ĭbī bŏnī mōrēs vălĕnt	*… und mehr gelten dort gute Sitten*
quam álĭbī bŏnae lēgēs.	*als anderswo gute Gesetze.*

(Tacitus, Germania 19 mit Auslassungen)

Der Geschichtsschreiber **Publius Cornelius Tacitus (55 – ca. 115 n. Chr.)** gibt in seiner kleinen Schrift **Germania** wieder, was er über das Naturvolk der Germanen erfahren hat. Als Folie hat er die als dekadent empfundenen moralischen Zustände in Rom im Hinterkopf. – Zweihundert Jahre trennen diesen Text von der Grabschrift aus der Zeit der Gracchen.

saeptus, a, um (part. perf. zu saepīre einzäunen) behütet, gehegt
pudicitia, ae f. Keuschheit, Reinheit, Sittenstrenge
ăgĕre = vītam ăgĕre leben
illécĕbra, ae f. Lockung, Verführung, Reiz
convīvium, i n. Gastmahl, Gelage
irrītātĭō, onis f. Reizung, Anreiz
corrúmpĕre, corrumpō, corrūpī, corruptum verderben, bestechen, verführen
litterae, ārum f. Pl. Brief
sēcrētum, i n. Geheimnis
părĭtĕr Adv. in gleicher Weise
adultērium, i n. Ehebruch
illīc Adv. dort
rīdēre, rīdĕō, rīsī, rīsum lachen, verlachen, belächeln
saeculum, i n. Jahrhundert, Zeitgeist
quidem sogar
adhūc bis jetzt
tantum Adv. nur, allein
virgō, vírgĭnĭs f. Jungfrau
nūbĕre, nūbō, nūpsī, nŭptum heiraten
quōmŏdŏ wie
ultrā Adv. darüber hinaus
cupiditās, tātĭs f. Begierde
tamquam gleichsam, sozusagen
mātrimōnium, i n. Ehe, Mutterschaft
valēre, valeō, valuī gesund, stark sein, gelten
álĭbī Adverb anderswo

Pensum nōnāgēsimum octāvum

Săpĭēns mŭlĭĕr aedificāvit dŏmŭm sŭăm, insĭpĭēns instrūctam quŏquĕ dēstrŭĕt mănĭbŭs.	*Eine weise Frau hat ihr Haus gebaut, eine unvernünftige wird sogar das erbaute mit ihren Händen zerstören.* (Vulgata, Proverbia. 14, 1)
Mŭlĭĕr dīlĭgēns cŏrōnă vĭrō sŭō.	*Eine umsichtige Frau ist eine Krone für ihren Mann.* (Proverbia 12, 4)
Dŏmŭs et dīvĭtĭae dántur ā pătrĭbŭs, ā Dŏmĭnō autem propriē ŭxŏr prūdēns.	*Haus und Reichtum werden gegeben von den Vätern, vom Herrn aber im besonderen eine kluge Frau.* (Proverbia 19, 14)
Mŭlíĕrĕm fortem quis invĕniet? Cōnfīdĭt in ĕā cor vĭī sŭī. Rĕddĕt ĕī bŏnŭm et nōn mălum ómnibus diēbus vītae suae. Nōn exstinguētur in nocte lŭcĕrnă illīus. Mănŭm sŭăm ăpérŭĭt ínŏpī et palmās sŭās exténdit ad paupĕrēs. Os sŭŭm ăpĕrŭĭt sapiéntiae et lēx clēméntiae in linguā eius.	*Eine starke Frau, wer wird sie finden? Es vertraut auf sie ihres Gatten Herz. Sie wird ihm Gutes tun und nicht Böses an allen Tagen ihres Lebens. Nicht wird in der Nacht ihre Lampe erlöschen. Ihre Hand hat sie geöffnet für den Bedürftigen und ihre offenen Hände ausgestreckt zu den Armen. Ihren Mund hat sie geöffnet der Weisheit, und das Gesetz der Milde ist auf ihrer Zunge.* (Proverbia 31, 10 in Auswahl)

Jahrhunderte älter als die Texte auf den vorhergehenden Seiten sind diese Stellen aus den Sprüchen, die dem König Salomo (10. Jh. v. Chr.) zugeschrieben werden und die im 5. oder 4. Jh. v. Chr. aufgeschrieben sind. Als Buch der Sprichwörter – proverbia – gehören sie zum Alten Testament.

mŭlĭĕr, mŭlíĕrĭs f. Frau
aedificāre, aedifico, aedificavi, aedificatum bauen, erbauen
dŏmŭs, ūs f. Haus
insĭpĭēns m., f., n. insipientis (Verneinung von **săpĭēns**) unklug, töricht
instrŭĕre, instrŭō, instrūxī, instrūctum errichten, erbauen
dēstrŭĕre, dēstrŭō, dēstrūxī, dēstrūctum niederreißen, zerstören

Beide Verben liefern uns wie das Grundverb **strŭĕre** und das Kompositum **cōnstrŭĕre** eine Menge Fremdwörter: ***Struktur, konstruieren, Konstruktion, instruieren, instruktiv, Instruktion, destruktiv.***

dīlĭgēns m., f., n. dīlĭgĕntĭs sorgfältig, umsichtig
cŏrōna, ae f. Kranz, Krone
propriē Adv. zu proprius, a, um eigen: in eigener, besonderer Weise
uxor, is f. Ehefrau
cōnfīdĕre, cōnfīdō (Perfekt cōnfīsus sum) vertrauen, sich verlassen
reddĕre, reddō, réddĭdī, rédditum zurückgeben, geben
exstĭnguĕre, exstĭnguō, exstīnxī, exstīnctum auslöschen, löschen
lŭcerna, ae f. Öllampe, Leuchte
ăpĕrīre, apériō, apérŭī, apértum öffnen
extendĕre, extendō, extendī, extentum oder **-tensum** ausstrecken, ausspannen
ĭnŏps m. f. n. gen. inŏpĭs mittellos, arm
pauper m. f. n. gen. paupĕrĭs arm
palma, ae f. flache Hand, Handfläche
ōs, ōrĭs n. Mund
clēmentia, ae f. Sanftmut, Milde, Gnade

Pensum nōnāgēsĭmum nōnum

Hōc sīgnō vincēs!	*In diesem Zeichen wirst du siegen!*
	(Eusebius, Vita Constantini 1, 28)

Lĭcĕt nōbīs dărĕ trĭbūtŭm	*Ist es uns erlaubt, dem Kaiser Steuer*
Caésărī an nōn?	*zu zahlen – oder nicht?*
Dīxĭt ad ĕōs:	*Er sprach zu ihnen:*
quid mē temptātĭs?	*Was stellt ihr mich auf die Probe?*
osténdĭtĕ mihi dēnārium!	*Zeigt mir einen Denar!*
cuius hăbĕt ĭmāgĭnĕm et īnscrīptĭōnĕm?	*Wessen Bild und Aufschrift hat er?*
Rĕspŏndĕntēs dīxērŭnt: Caesărĭs.	*Als Antwort sagten sie: Des Kaisers.*
Et ait illīs:	*Und er sagte ihnen:*
Réddĭtĕ ergō quae Caesărĭs sunt,	*Gebt also, was des Kaisers ist,*
Caesărī,	*dem Kaiser,*
et quae Dĕī sunt, Dĕō.	*und Gott, was Gottes ist.*
	(Lukas 20, 22 – 25, Schriftgelehrte im Gespräch mit Jesus)

Das **4. Jh. nach Christus** ist die Schwelle, über die Europa in ein neues Zeitalter eintritt.
Noch **299** hatte der Kaiser **Diokletian** die Christen aus der Armee entfernt. **303** waren Edikte erlassen, die den christlichen Glauben verboten und die Zerstörung der Kirchen anordneten. Der Anfang des Jahrhunderts sah noch einmal eine Christenverfolgung.
Doch noch zu Lebzeiten Diokletians, der 305 abdankte und **313** auf seinem Landsitz bei Split in seiner Heimat Dalmatien starb, vollzog sich ein Wandel, mit dem eine neue Epoche begann.

Sein (2.) Nachfolger **Konstantin** musste seine Vorherrschaft im Westen des Römischen Reiches gegen seinen Rivalen Maxentius durchsetzen. Die entscheidende Schlacht fand 312 in der Nähe Roms statt. Der Legende nach erschien vor der Schlacht an der Milvischen Brücke in der Sonne ein Kreuzeszeichen mit der Inschrift „**ΤΟΥΤΩ ΝΙΚΑ**“ in diesem (Zeichen) siege! Konstantin, der bereits dem Christentum zuneigte, ließ die Heerzeichen seiner Truppen mit dem Christusmonogramm (X, das ist das griechische chi; später Verbindung von X,chi, und P, rho) versehen. Er trug den Sieg

davon. – Während die Münzen von Diokletian und Maxentius noch den Iuppiter Optimus Maximus zeigen, findet sich wenig später auf den Münzen des Kaisers Konstantin das Christusmonogramm.
Schon im Jahr **313** erließen Konstantin und sein Mitkaiser im Ostreich, Licinius, in **Mediolanum (Mailand)** ein Edikt, das die Freiheit der Religionsausübung im Reich gewährleistete.
324 wurde Konstantin auch Herrscher des Ostreiches und baute das alte Byzanz zu seiner Hauptstadt **Konstantinopel** aus, in der christliche Kirchen von großer Pracht entstanden. Auf dem Sterbebett empfing er 337 die Taufe. – Seine Mutter Helena war schon um 330 ins Heilige Land gereist, um nach dem Kreuz Jesu zu suchen. Der Legende nach hat sie es gefunden.
Am Ende des Jahrhunderts war es so weit, dass in einem **Erlass des Theodosius von 392** der Kult der alten Götter verboten wurde. Das Christentum war die Staatsreligion.

trĭbūtum, trĭbūtī n. Tribut, Steuer
temptāre versuchen, erproben (**tentāre; tentātĭō** im Paternoster!)
ŏstĕndĕrĕ, ostendō, ostendī, ostentum entgegenstrecken, zeigen
cuius wessen – Genitiv des Fragepronomens **quis? quid?**
ĭmāgō, ĭmāgĭnĭs f. Bild, Abbild (Fremdwörter *Image; Imagination*)
īnscrīptĭō, inscriptiōnĭs f. Inschrift, Aufschrift
rĕspŏndērĕ, rĕspŏndĕō, rĕspŏndī, rĕspōnsŭm antworten – **respondentes** Partizip Präs. im Plural
áĭt er sagt(e), Plural **aiunt**
rĕddĕrĕ, rĕddō, rĕddĭdī, rĕddĭtŭm zurückgeben, geben
Caésărĭs esse Genitivus possessivus: jemandes (Besitz) sein, gehören

Pensum centēsĭmum

Ĕgŏ sum pāstŏr bŏnŭs.	*Ich bin der gute Hirt.*
Bŏnŭs pāstŏr ănĭmăm sŭăm dăt prō ŏvĭbŭs.	*Der gute Hirt gibt sein Leben für seine Schafe.*
	(Johannes, 10, 11)

Quid vobis vidētur:	*Was scheint euch:*
sī fŭĕrĭnt alicuī centum ŏvēs	*wenn einer hundert Schafe (gehabt) hat*
et errāverit ūnă ex ĕīs,	*und eines von diesen sich verirrt hat,*
nōnne rĕlĭnquĕt nōnāginta nŏvĕm	*wird er nicht die neunundneunzig*
in móntĭbŭs	*in den Bergen zurücklassen*
et vādĭt quaerĕrĕ	*und er geht das suchen,*
ĕăm quae errāvit?	*das sich verirrt hat?*
et sī contīgĕrĭt,	*und wenn es gelungen ist,*
ut invĕnĭăt ĕăm,	*dass er es findet,*
amen, dīcō vōbīs,	*wahrlich, ich sage euch,*
quĭă gaudēbĭt sŭpĕr ĕăm măgĭs	*er wird sich über dieses mehr freuen*
quam sŭpĕr nōnāginta nŏvĕm,	*als über die neunundneunzig,*
quae nōn errāvērunt.	*die nicht in die Irre gegangen sind.*
	(Matthäus, 18, 12, 13)

Wenn wir heute die Heilige Schrift in ihrer lateinischen Fassung in die Hand nehmen, kehren wir sozusagen bei dem heiligen Gelehrten und Kirchenvater **Hieronymus** ein.

Hieronymus wurde **347** – zehn Jahre nach dem Tod Konstantins – in **Stridon in Dalmatien** geboren, kam schon in jungen Jahren zum Studium nach Rom, empfing als Erwachsener die Taufe, lebte im Anschluss an eine Reise nach Antiochia drei Jahre als Asket in der ostsyrischen Wüste und widmete sich dem Studium der Heiligen Schrift. **379** zum Priester geweiht, blieb er drei Jahre in Konstantinopel und wurde dann in Rom Sekretär des römischen Bischofs Damasus. Dieser hielt es für eine dringende Aufgabe, eine lateinische Fassung der Schriften des Alten wie des eben erst als Kanon festgelegten Neuen Testaments zu schaffen. Sie sollte die vielen Versionen, die bis dahin in zum Teil sehr unvollkommenen Übersetzungen vorlagen, ersetzen. Dies wurde

100

die Lebensaufgabe für Hieronymus, der als Sprachgelehrter nicht nur das Griechische beherrschte, sondern auch Hebräisch gelernt hatte.
386 begab er sich zusammen mit der wohlhabenden Römerin Paula und deren Tochter nach Palästina. Dort gründeten sie vier Klöster. Dem Kloster für Männer in **Bethlehem** stand Hieronymus bis zu seinem Tode im Jahre **419 oder 420** vor.

Die Bibelübersetzung, die er in mehr als dreißigjähriger Arbeit dort schuf, ist als **Vulgata,** d. h. allgemein verbreitete Ausgabe, bis heute die authentische lateinische Version der Bibel.
Hieronymus hat neben der **Vulgata** ein reiches literarisches Werk von **Kommentaren, theologischen Streitschriften und Briefen** hinterlassen. Zusammen mit den Kirchenlehrern **Augustinus** (354 – 430), und **Ambrosius von Mailand** (339 – 397) repräsentiert er seine Epoche.

anima, ae f. Seele, Leben
fŭĕrĭnt ebenso wie **contígĕrĭt** Futur II! er wird gehabt haben/es wird gelungen sein
ălĭquĭs irgendwer – Dativ **ălícŭī**
nōnne Frageeinleitung
rĕlĭnquĕrĕ, relinquō, rĕlīquī, rĕlĭctŭm zurücklassen, verlassen
contingĕrĕ, contíngĭt, cóntĭgĭt gelingen
ămēn (hebräisch) wahrhaftig, sicherlich –- liturgische Formel der Zustimmung
quĭă weil – Im Text oben habe ich die Konjunktion unübersetzt gelassen. Sie übersetzt das griechische hóti, das eine Redeeinleitung signalisiert.

Anhang

Texte bzw. Textanfänge

Die Zahlen beziehen sich auf die **pensa**.

Register: Quellen

Die Zahlen beziehen sich auf die **pensa.**

Vokabeln

Die Zahlen beziehen sich auf die pensa.

a, ab Präp. 14
abire, abeo 49, 74
absolvere, absolvo 35
accidere, accido 73
accipere, accipio 10, 70
accusare, accuso 32
actus, a, um 9
acus, acus f. 72
acutus, a, um 91
ad Präp. 7
adfectio, onis f. 44
adhuc 97
adire, adeo 82
adiuvare, adiuvo 4, 8
adorare, adoro 69
adulescens, entis m.81
adulescentia, ae f. 37, 95
adulterium, i n. 97
adversus, a, um 19, 35
aedificare, -fico 98
aeger, aegra, um 76
aegre Adv. 34
aegrotare, aegroto 46
aegrotus, a, um 23
aequus, s, um 27
aes, aeris n. 66
aestas, aestatis f. 42
aetas, aetatis f. 95
Agamemno, nonis m. 81
agere, ago 19, 31, 38, 97
agitare, agito 3
agnus, i m. 15, 67
agrestis, is, e 75
aiunt 29
alere, alo 8, 95
algere, algeo 63, 77
alibi Adv. 97
alienus, a, um 9, 17
alimentum, i n. 93
aliquando 89
aliter adv. 38
alius, a, ud 17, 19, 58, 76
alter, a, um 2, 38, 89
altus, a, um 28
amabilis, is, e 43, 60
amare, amo 13, 21, 65
amarus, a, um 18, 76
ambulare, ambulo 15, 57
amicitia, ae f. 5, 18
amicus, i m. 5, 6, 17
amittere, amitto 34, 73, 80
amor, ris m. 8, 44
an 46
anima, ae 40, 100
animal, lis n. 59
animula, ae f. 49
animus, i m. 14, 27, 45, 76
annus, i. 8, 95
antea 54, 92
antecedere, -cedo 79
antiquus, a, um 63
anulus, i m. 24
aperire, aperio 59, 98
apertus, a, um 11
appellare, appello 37
aptus, a, um 52
aqua, ae f. 6
aquila, ae f. 6
arare, aro 90
aratrum. i n. 93
arbor, ris f. 14, 89
arcere, arceo 85
arduus, a, um 89
arescere, aresco 30
arma, orum n. 7
arripere, arripio 90
ars, artis f. 8, 9
asellus, i m. 50
asinus, i m. 25
asper, a, um 7
astare, asto 96
astrum, i n. 7
atrociter Adv. 64
auceps, aucupis m. 45, 86
auctoritas, tatis f. 54
audacia, ae f. 60
audere, audeo 32, 60
audire, audio 13, 22, 62
auditor, ris m. 26
auferre, aufero 34, 75
auris, is f. 10, 27, 33, 69
aurora, ae f. 17
aurum, i n. 63
aut – aut 58
auxilium, i n. 2
avaritia, ae f. 35
avarus, a, um 43
avis, avis f. 36
barba, ae f. 44
barbarus 69
beatus, a, um 24, 46
bellus, a, um 176
bene Adverb 14
benedictio, onis f. 59
beneficium, i n. 70
benevolentia, ae f. 20
bestia, ae f. 17
bis 4, 21
blandus, a, um 49
bonitas, tatis f. 61
bonus, a, um 2, 14, 15, 18
bos, bovis m.f. 16, 28, 90
brevis, is, e 9, 16
bruma, ae f. 42
cadere, cado 23, 86
caecus, a, um 4, 7, 19
caelitus Adv. 22
caelum, i n. 7, 40, 48
Calaber, bra, brum 78
calamitas, tatis 83

Hilfsmittel/Literatur (in Auswahl)

Bei lateinischen Autoren, die hier nicht aufgeführt sind, ist der Text der Bibliotheca Teubneriana benutzt.

Bartels, Klaus. Veni, vidi, vici. Geflügelte Worte aus dem Griechischen und Lateinischen. Darmstadt ^{9}1992

Bayer, Karl, Nota bene! Das lateinische Zitatenlexikon. Darmstadt ^{3}(1999)

Büchmann, Georg, Geflügelte Worte. Der Zitatenschatz des deutschen Volkes. Neu bearbeitet von Winfried Hofmann. Berlin, Frankfurt/M., Wien ^{41}1998

C. Valerius Catullus, Sämtliche Gedichte. Lateinisch/Deutsch. Übersetzt und herausgegeben von Michael von Albrecht. Reclam Stuttgart (2001)

Catull, Sämtliche Gedichte, lateinisch und deutsch. Aus dem Lateinischen von Carl Fischer. Mit einem Nachwort von Bernhard Kytzler, insel-Taschenbuch 1736, Frankfurt und Leipzig (1995)

Catulli, Tibulli, Propertii carmina, herausgegeben von Moritz Haupt, bearb. von J. Vahlen und Rudolf Helm, Leipzig ^{7}1912

Cicero für Juristen. Ausgewählt und übersetzt von Karl-Wilhelm Weber. insel Taschenbuch 2542 (1999)

M. Tullius Cicero, Cato der Ältere. Über das Alter. Lateinisch-deutsch. Ed. Max Faltner. Heimeran Verlag München (1963)

M. Tullius Cicero, De finibus bonorum et malorum. Lateinisch und deutsch. Herausgegeben von Alexander Kabza. Heimeran München 1960

Conrad, Julius, Gradus ad Parnassum sive Thesaurus linguae Latinae prosodiacus. Leipzig 1839

Der Kleine Pauly, Lexikon der Antike in fünf Bänden, hrsg. von Walter Sontheimer und Konrat Ziegler, München (1979)

dtv-Lexikon der Antike, Band 1 – 4, München [2](1970)

Eich, Günter, Gesammelte Werke: Bd. 1: Die Gedichte. Die Maulwürfe. Frankfurt a.M.: Suhrkamp, 1973

Fritsch, Andreas, Index sententiarum ac locutionum. Handbuch lateinischer Sätze und Redewendungen. Saarbrücken 1996

Fuhrmann, Manfred, Geschichte der römischen Literatur. Reclam (1999)

Habenstein, E., Hermes, E., Zimmermann, Grund- und Aufbauwortschatz Latein. Neubearbeitung von E. Hermes. Klett Stuttgart (1998)

Heinichen, Fr.Adolph, Lateinisch-deutsches Schulwörterbuch. 12. Aufl. 1983

Heinze, Richard, Vom Geist des Römertums. Ausgewählte Aufsätze, herausgegeben von Erich Burck. Leipzig und Berlin [2]1939

Holtorf, Herbert, Grundzüge der römischen Metrik. Frankf. 1956

Irmscher, Johannes, Antike Fabeln, herausgegeben und übersetzt. Berlin (1999)

Kappelmacher, Alfred/Schuster, Mauritz, Die Literatur der Römer bis zur Karolingerzeit. Handbuch der Literaturwissenschaft, hrsg. von Oskar Walzel, Potsdam (1934)

Kasper, Muriel, Reclams Lateinisches Zitaten-Lexikon. Stuttgart [3]2000

Klimberg, Hermann, Von Frauen des Altertums. Ein lateinisches Lesebuch. Aschendorff, Münster [3]1948

Klingner, Friedrich, Römische Geisteswelt. Leipzig (1943)

Klopsch, Paul, Lateinische Lyrik des Mittelalters, ausgewählt, übersetzt und kommentiert, Stuttgart, Reclam 1995

Kluge, Friedrich, Etymologisches Wörterbuch der deutschen Sprache. 24.Aufl. Berlin 2002

Krüger, Max, Lateinisches Lesebuch. Diesterweg Frankfurt, Berlin, Bonn ^{7}1964

Langenscheidts Großes Schulwörtcrbuch Lateinisch-Deutsch. ^{7}1982

Martial, Epigramme. Text und Erläuterungen von Freya Stephan-Kühn. Schöningh, Paderborn (1976)

Martial, Epigramme. Ausgewählt, übersetzt und erläutert von Harry C. Schnur. Reclam Stuttgart (1966)

Nicolai, A., Lateinisches Lesebuch für Gymnasien. (1926)

Ovid, Metamorphosen, lat. und deutsch, hrsg. und übersetzt von E. Rösch, Düsseldorf und Zürich 1996

Phaedrus, Liber fabularum, lat/deutsch, übers. und herausg. von Friedr. O. Rückert und Otto Schönberger, Stuttgart, Reclam (1975)

C. Plinius Secundus, Epistulae, lat.und deutsch, herausgegeben und übers. von Heribert Philips, Stuttgart, Reclam (1987)

Publilius Syrus, Die Sprüche des, Lateinisch-Deutsch, ed. Hermann Beckby, Tusculum-Bücherei Heimeran München (1969)

Reclams Lexikon der Antike, herausgegeben von M.C. Howatson. Stuttgart (1996)

Reichert, Heinrich G., Urban und human. Unvergängliche lateinische Spruchweisheit. Hamburg ^{4}(1956); St.Ottilien 1997

Rubenbauer, Hans/Hofmann, J. B., Lateinische Grammatik auf sprachwissenschaftlicher Grundlage. Berlin 1944, neu bearbeitet von Rolf Heine, München (1995)

Schön, Wolf (Herausgeber), Die schöne Mutter der Kultur. Unsere Grundlagen in der antiken Welt. Darmstadt (1998)

L.Annaeus Seneca, Epistulae morales ad Lucilium. Lateinisch/Deutsch, übersetzt und herausgegeben von Franz Loretto, Rainer Rauthe, H. Gunermann. Reclam, Stuttgart (1987 – 2000)

Seneca für Manager. Sentenzen. Ausgewählt und übersetzt von Georg Schoeck. Insel-taschenbuch Nr. 1656 (1994)

Stemplinger, Eduard, Buchhandel im Altertum. Heimeran München ²1933

Stowasser, J. M., Losek, F. u. a., Lateinisch-deutsches Schulwörterbuch. Neubearbeitung Wien, München 1994

Valerius Maximus, Facta et dicta memorabilia. Lateinisch/Deutsch. Ausgewählt, übersetzt und herausgegeben von Ursula Blank-Sangmeister. Reclam Stuttgart (1991)

Vogt, Ludwig/Bengl, Hans, Römisches Erbe. Ein Lesebuch lateinischer Literatur. Bayerischer Schulbuchverlag 1950

Walther, Hans, Lateinische Sprichwörter und Sentenzen des Mittelalters. 6 Bände, Göttingen 1963 ff.

Werner, Jakob/Flury, Peter, Lateinische Sprichwörter und Sinnsprüche des Mittelalters. Darmstadt ²1966

Wörterbuch der Antike, begründet von Hans Lamer, fortgeführt von Paul Kroh. Kröner-Verlag Stuttgart ⁷(1966)

Zoozmann, Richard, Zitaten- und Sentenzenschatz der Weltliteratur. Überarbeitet von Otto A. Kielmeyer. Reinbek b. Hamburg 1997